Richard David Precht

Von der Pflicht

GOLDMANN
Lesen erleben

Richard David Precht

Von der Pflicht

Eine Betrachtung

GOLDMANN

Originalausgabe

Dieses Buch ist auch als E-Book erhältlich.

MIX
Papier aus verantwortungsvollen Quellen
FSC® C014889

Penguin Random House Verlagsgruppe FSC® N001967

1. Auflage

Umschlaggestaltung: UNO Werbeagentur, München
Umschlagmotiv: FinePic®, München
Redaktion: Regina Carstensen
Satz: Buch-Werkstatt GmbH, Bad Aibling
Druck und Bindung: Friedrich Pustet, Regensburg
Printed in Germany
JT · Herstellung: kw
ISBN 978-3-442-31639-7
www.goldmann-verlag.de

Besuchen Sie den Goldmann Verlag im Netz

Ertragt einander und vergebt einander.

1 Korinther 13,13

1.

In den Jahren 2020 und 2021 wurde Deutschland Teil eines ungewöhnlichen und in vielerlei Hinsicht verstörenden, traurigen, aber auch beeindruckenden Geschehens. Die Covid-19-Pandemie, die weltweit bislang weit über zwei Millionen Tote im Zusammenhang mit dem Virus verzeichnet, ist die größte globale Epidemie seit mindestens fünfzig Jahren. Genauer seit 1968/1970, als die Hongkong-Grippe mutmaßlich zwischen einer und zwei Millionen Menschen tötete, davon möglicherweise 40 000 bis 50 000 Menschen in der Bundesrepublik und in der DDR.

Verstörend ist das Ereignis, weil der weitaus größte Teil der Menschen in Deutschland bislang keine Pandemie erlebt oder wie bei der Hongkong-Grippe oder der Asiatischen Grippe von 1957/1958, diese nicht bewusst wahrgenommen hat. Beide waren weder allgemein bekannt noch ein mediales Ereignis. Seuchen und gefährliche Infektionskrankheiten, so schien es, waren immer weit weg und betrafen das Leben der anderen. Oder sie ließen sich, wie im Fall der »Lustseuche« HIV, an der global bislang fünfunddreißig Millionen Menschen starben, durch Vorsicht und Umsicht so gut wie vollständig vermeiden. In der Ferne und Unsichtbarkeit anderer Gefährdungen und der Amnesie der Massenmedien erscheint die Covid-19-Pandemie deshalb heute als ein einmaliges Ereignis – aufschreckend und verwirrend in einer im historischen und globalen Maßstab einzigartig komfortablen und vergleichsweise friedlichen und friedfertigen Wohlfühlgesellschaft wie in Deutschland.

Man kann das Hereingebrochene nicht deuten und nicht in einen passenden Rahmen einfrieden, der durch Interpretation ordentlich macht, was als außerordentlich empfunden wird. Gott als Strafender und als Ursache einer universalen Vergeltung für begangene Frevel, der so oft in der Geschichte als wohlmeinender Übeltäter hatte herhalten müssen, fällt im gemütssäkularisierten 21. Jahrhundert aus. Die Kirche, die in ihrer Geschichte mehr als einmal zu oft den Jüngsten Tag der Abrechnung, an dem nichts mehr vertagt werden kann, angekündigt hatte, bleibt demütig stumm. Metaphysische Erklärungen und Vergeltungsfantasien greifen ins Leere auch da, wo besorgte Ökologen in apostolischer Mission das Corona-Virus zur Rache der geschundenen Umwelt für die rücksichtslose globale Ausbeutung der Natur verklären. So richtig es ist, dass Menschen ihrer physikalischen und biologischen Umwelt heute größere Wunden schlagen als je zuvor in der Geschichte der Menschheit – ein neuartiges Virus erschafft die Natur deswegen nicht, allenfalls geschieht die Übertragung und Ausbreitung im Zeitalter schwindender Naturräume, dichter Bevölkerung sowie universaler Luftfahrt und Luftfracht schneller. Aber dafür sorgen immer noch Menschen und nicht die rachsüchtige Biosphäre oder die Tierwelt. Corona ist nicht die Antwort auf verletzte Rechte oder auf eine zertrümmerte alte Ordnung, und Umweltschützer tun gut daran, sich als Kryptometaphysiker nicht selbst misszuverstehen. Keine Verfehlung wird durch Covid-19 gerächt. Denn wen oder was rächten die Hongkong-Grippe, die Asiatische Grippe, die Spanische Grippe, die Pest, die Cholera, der Englische Schweiß oder Ebola?

Wie kann ein solches trauriges Ereignis, das auch in Deutschland vielen zehntausend Menschen das Leben gekostet hat, gleichwohl in bestimmter Hinsicht beeindruckend sein? Beeindruckend, ja sogar beruhigend ist es, weil der moderne Vorsorge- und Fürsorgestaat in Deutschland, anders als bei früheren Pandemien, in ständiger Neuabschätzung der Situation versucht, im Einklang mit seinen Bürgern das Ausmaß der Katastrophe einzuhegen und die Zahl der Opfer, die das Virus fordert, zu begrenzen. Das Vertrauen in den liberal-demokratischen Staat ist in den Zeiten der Pandemie mehrheitlich gestiegen – und mit ihm zugleich die Beliebtheitswerte verantwortungstragender Politiker. Beeindruckend aber ist vor allem die in zahlreichen Umfragen bestätigte große Mehrheit der Bundesbürger, die sich nicht nur selbst vor der Infektion schützen, sondern sich zugleich mit den Schwachen und durch das Virus besonders Gefährdeten solidarisieren.[1] Sie halten sich in beeindruckender Zahl an die staatlichen Maßnahmen zum Schutz der Gesundheit, weil sie sie allgemein für richtig halten, was auch immer sie im Detail über die eine oder andere Verordnung denken.

In den Zeiten der Ausnahme, des Ausfalls gegen die kulturelle Norm, der Synkope in unserem Lebensrhythmus, in dem die alltägliche und automatisierte Geschmeidigkeit, mit der wir uns an unsere Umwelt und Mitwelt anpassen, empfindlich gestört ist, zeigt sich der Charakter. Und es fällt ein bezeichnendes Licht auf unsere Einstellungen, Haltungen und Befindlichkeiten, die nun schärfer vor Augen treten als in den Routinen. So zeigen die Ereignisse der Jahre 2020 und 2021 recht gut, wie es um unser Land bestellt ist. Soziologen, Sozial- und Individualpsychologen finden Arbeit in Fülle, und die Auguren der Massenmedien diagnostizieren schnell und allzu schnell Mentalitätswechsel und Strukturveränderungen, neue Normen und Normalitäten oder gar ganz neue Zeiten.

Als politisch interessierter Philosoph beschäftigt mich vor allem eines: Wie werden Rechte und Pflichten, seit jeher ein großes Thema der Philosophie, heute wahrgenommen? Wie sehen sich Menschen als Staatsbürger? Was denken sie, was ihnen zusteht, und worin sehen sie ihre staatsbürgerliche Pflicht? Wie gestaltet sich das Spannungsfeld von Pflicht und Recht, Gefahr und Maßnahme, Besonnenheit und Wahn, Leben und Tod? Und was verrät uns die Krise über den diesbezüglichen Zustand der Gesellschaft?

Der Begriff der »Pflicht«, so angestaubt und manchmal gar wie ein Wort aus einem anderen, dem »bürgerlichen« 19. Jahrhundert, etwas, wovon sich moderne Gesellschaften immer weiter entfernt haben, ist auch im 21. Jahrhundert nicht von gestern. Es gibt noch immer gute Gründe, warum er sich nicht auf die Pflicht von Steuern, Zahlungs- und Kreditverpflichtungen oder die versteckte Drohung durch Strafgesetze reduzieren lässt, wie manch einer zu glauben scheint. Das Wort »Pflicht«, in seinem alt- und mittelhochdeutschen Ursprung die Fürsorge und Obhut, die Teilnahme und der Dienst an der Gemeinschaft, bezeichnet ein hohes Gut der Gesellschaft. Die Pflicht ist, wie Friedrich Nietzsche sagt, »das Recht der anderen auf uns«. Und der Gedanke, die Pflicht jenseits von Steuern, Kauf und straffreiem Verhalten möglichst vollständig zu überwinden, der sich gerne als »liberal« oder »libertär« gebärdet, ist ein kurioses, mitunter ärgerliches Selbstmissverständnis derer, die ihn in die Welt tragen.

Pflichten zu haben und anderen verpflichtet zu sein ist kein Relikt einer vormodernen Zeit. Und es ist mitnichten ein persönliches und gesellschaftliches Übel, nicht nur eigene Rechte einzufordern, sondern auch das Recht anderer anzuerkennen, dass wir uns ihnen gegenüber angemessen verhalten. Dabei sind Pflichten keine Dinge, die man vor sich herträgt, sondern man trägt sie in sich als Teil einer Haltung; einer Haltung zu anderen Menschen und manchmal einer Institution, die Pflichten auferlegt, vor allem aber einer Haltung gegenüber sich selbst.

In Hinblick auf das Verhältnis zur Pflicht erscheint die Corona-Krise wie ein Brennglas. Sie erzeugt ein aufrechtes virtuelles Bild, welche Haltungen Menschen in unserer Gesellschaft heute im Angesicht von Unsicherheit und Ungewissheit einnehmen. Zurückgeworfen auf die biologische Verletzbarkeit und auf den medizinischen Schicksalszusammenhang, in dem wir mit anderen Menschen stehen, wird, wie Albert Camus in *Die Pest* schildert, unser Verhalten existenziell. Jede Haltung, die wir im Umgang mit dem Virus einnehmen, ist damit keine reine Privatangelegenheit mehr. Sie ist Teil nicht nur einer Ethik des Lebens, sondern auch des Zusammenlebens – und insofern eine Frage von Pflicht und Verpflichtung.

Für die meisten Menschen in Deutschland, die den Zweiten Weltkrieg nicht mehr erlebt haben, ist diese Ausnahmesituation völlig neu. Haben wir uns nicht durch Hygiene und Wohlstand gegen die meisten Unbilden der Natur immunisiert? Haben wir das Hereinbrechen massenhaften Sterbens nicht durch eine lange Friedenszeit vermieden? Ist der Tod, selbst wenn er sich durch allgemeine Phänomene wie Herz-Kreislauf-Erkrankungen oder Krebs in unser Leben schleicht, nicht eine Privatsache, weil meine Krankheit andere nicht gefährdet? Eine Gesellschaft wie unsere, die darauf konditioniert ist, »Probleme« durch Technik zu lösen, nötigt ihren Bürgern gemeinhin keine kollektiven Verhaltensänderungen ab – auch nicht in der Frage von Leben und Tod. Einzig die Anschnallpflicht in unseren Autos und das öffentliche Rauchverbot sind als Maßnahmen gesundheitlicher Erziehung noch schwach im Gedächtnis. So selbstverständlich inzwischen, dass der vormalige Aufschrei längst verhallt und kaum noch erinnert ist.

Vor diesem Hintergrund wirken die staatlich verordneten Maßnahmen zu Verhaltensänderungen in der Covid-19-Krise auf manche Menschen geradezu brachial und verstörend. Angemessenen Anstand und abgemessenen Abstand zu wahren nötigt einem der liberal-demokratische Staat gemeinhin nicht ab, sondern überlässt es jedem Einzelnen, mehr oder weniger anständig zu sein. Hat er überhaupt das Recht dazu, auf diese Weise ins Privatleben seiner Bürger einzugreifen? Steht es ihm zu, an die Tugend zu appellieren und eine Ethik des Zusammenlebens anzumahnen?

Verhaltensaufforderungen treiben Widerspruch hervor, schon bei Kindern und noch mehr bei Erwachsenen, deren Selbstverständnis darauf gründet, stets selbst zu wissen, was das Richtige ist. Kein Wunder, dass staatliche Appelle zur Solidarisierung sich nicht nur der Einsicht der Mehrheit, sondern auch des Widerspruchs einer lautstarken Minderheit sicher sein können. Wer Solidarisierung mit den Schwachen fordert, kann ebenso mit einem gehörigen Quantum an Entsolidarisierung rechnen. Beweggründe, echte und vorgeschobene, gibt es viele. Güterabwägungen und Fragen der Verhältnismäßigkeit sind in der Tat nicht leicht zu beantworten. Wie viel Leiden verursachen die wirtschaftlichen Konsequenzen? Welche Nebenfolgen gilt es zu berücksichtigen?

Und natürlich haben Menschen in Altenheimen das Recht, für sich selbst zu entscheiden, sie stürben lieber an Corona als an Einsamkeit. Aber sie sind eben nicht allein in ihrem Heim und riskieren mit ihrer Entscheidung das Leben vieler anderer. Zweifel sind das eine, eine vollständige Entsolidarisierung etwas anderes. Welches Argument ist so stark, dass es tatsächlich eine Entpflichtung rechtfertigt? Denn was immer die Entscheidungsmotive im Einzelnen sein mögen, die Scheidelinie in der Covid-19-Frage verläuft letzten Endes zwischen Leben und Tod: so viel Leben wie möglich zu retten gegen ungehinderte Auslese, dem fahrlässigen Sterbenlassen der besonders Gefährdeten.

Während die meisten Einsicht in die Lage zeigen, allgemeines Verständnis für viele (wenn auch nicht notwendig für alle) Maßnahmen aufbringen und Rücksicht praktizieren, treiben Unverständnis, fehlende Empathie und mangelnde Rücksicht die völlig Trotzigen ins trübe Gewässer fundamental alternativer Deutungen. Dabei überwiegen gewiss die Unterschwelligen, jene, die jede staatliche Maßnahme grundsätzlich nörgelnd zur Kenntnis nehmen. Auffälliger dagegen ist die kleinere Gruppe der Lauten: Die Pflicht ruft – wir skandieren zurück! Nicht mein Verhalten soll sich ändern, sondern lieber die Realität. Die Verschiebung der Perspektive stuft sich in der Weise ab, wie stark die Wirklichkeit verschoben werden muss, damit man mit sich und seinem Trotz im Reinen bleiben kann. Da sich kaum jemand selbst als egoistisch oder unsolidarisch wahrnimmt, müssen Egoismus und Solidaritätsbruch der anderen Partei zugeschrieben werden. Diese wird im gleichen Maße dämonischer, wie der eigene Teufel einen reitet. Nimmt man jene kleine Gruppe von Demonstranten aus, die »Lieber an Corona sterben, als mit den Maßnahmen leben!« plakatiert und sich damit bewusst zum Sterbenlassen der Schwachen bekennt, muss die Realität dessen, was die überwältigende Zahl der Epidemiologen erklärt, angezweifelt und durch eine andere Realität ersetzt werden. Das Benennen von real vorhandenen Unsicherheiten und Ungereimtheiten im Wissen über das Virus, seine Herkunft, Wirkung und Übertragung, bildet dann den Ausgangspunkt einer psychischen Entwicklung, die nach einem Widerlager im Imaginären fahndet, das dem eigene Spekulationskonstrukt festen Halt geben soll.

Meinungsmacher mit höchst unterschiedlichen Beweggründen haben daran ihren Spaß. Detektiv zu spielen und Ungereimtheiten zu entdecken ist eigentlich unschuldig und kann sich als Aufklärung verstehen. Sorgt diese vielfache Skepsis im Detail jedoch für harte Verdächtigungen, erzeugt allgemeines Misstrauen und streut Gerüchte, ist der Schritt von der Aufklärung zur Denunziation getan. Das dankbare Publikum solcher Beeinflusser nimmt die Wahl zwischen den Deutungsangeboten zur Pandemie gerne an, die einen die weicheren und die anderen die härteren. Auf einfachster Stufe ist Covid-19 dann nur eine Grippe – als sei das Benennen des Wortes »Grippe« bereits die Rute, die den Dämon auf immer austreibt. Zwar haben Covid-19- und Influenza-Viren tatsächlich viele Übereinstimmungen, was den Vergleich nicht abwegig macht, aber sie sind damit trotzdem nicht dasselbe. Menschen, die mit Unsicherheit nicht gut umgehen können, scheint das Wort »Grippe« einen provisorischen Halt zu geben, allerdings versehen mit dem Fragezeichen, aus welchem Grund der Staat eine Grippe nicht als Grippe einschätzt. Das Motiv kann, da dem Staat und seinen Gesundheitsexperten keine flächendeckende Naivität unterstellt werden kann, nur ein bizarres und finsteres sein.

Das Tor in die Unterwelt der Verschwörungserzählungen steht damit sperrangelweit offen. In der Kulturgeschichte der Menschheit sind solche Erzählungen ein stets verlässlicher Begleiter von Umbruchsituationen und Katastrophen. Ihr erstes Kapitel handelt immer vom geheimen Verursacher. Und tatsächlich erschienen schon im März 2020 wahlweise der vermeintliche Impfoligarch Bill Gates, die Wall Street, das World Economic Forum in Davos, die chinesische Staatsführung oder gar die unheilige Allianz aus allen vieren als die Teufel der Moderne. Besonders originell ist auch die Variante, das Virus schlichtweg als nicht existent zu definieren und ihm den Status einer Fiktion zu verleihen. Oder man verweist auf frühere Corona-Viren, die weniger tödlich waren als Covid-19 und setzt das neue Virus leichterhand mit früheren gleich – als sei es gerade nicht die Eigenschaft von Viren, sich stark zu verändern.

Menschen, die ihre Abneigung gegen Mitbürger zum Gemeinschaftsgefühl steigern und sich in Deutschland 2020/2021 auf Entsolidarisierungskundgebungen solidarisieren, sind stolz auf ihr feines Gespür für Ungereimtheiten bei Expertisen und staatlichen Maßnahmen. Doch als hätten sie ihr Kapital an feinsinnigen Differenzierungen damit verbraucht, überkommen sie offensichtlich keine Skrupel, im Einklang mit Mitdemonstranten zu marschieren, die die Existenz des Virus entweder leugnen oder es Bill Gates zuschreiben oder es für ungefährlich halten. Bunte und wilde Erklärungen werden wie gut verschlossene Gefäße mit markigen Aufschriften weitergereicht, in die man lieber nicht hineinsieht. Wie Gates' vermeintliche Leistung, in seiner Hexenküche in Seattle mithilfe oder gegen die Chinesen ein nicht existentes oder ungefährliches Virus gepanscht zu haben gleichwohl teuflisch sein kann, offenbart sich allein von keinerlei Selbstzweifel geplagten Gehirnen. Und wie sich ausgerechnet ein Virus dazu eignen könnte, dass Gates der Menschheit Mikrochips einpflanzen kann, bleibt ebenso dunkel. In der öffentlichen Echokammer einer Demonstration besiegt das eingehakte Rechthaben nonchalant jeden Reflexionsanspruch eines gehobenen Selbstwertgefühls. Und unbestreitbare Wahrheit erfüllt das Bewusstsein, einfach dadurch, weil alle anderen bekanntlich lügen.

Wenn Wahrheit zur Wahrheit wird, schlichtweg als das Gegenteil vom Lügen der anderen, kommt es auf Konsistenz und Kohärenz nicht an. Die Empörung verträgt problemlos, 5G-Mobilfunkmasten anzuzünden, weil auch sie Teil der Covid-19-Verschwörung sind. Und ob Gehirnwäsche nun durch einzelne Digital-Oligarchen oder die Staaten der Welt und ob sie durch Mobilfunkgeräte, Mikrochips oder Zwangsimpfungen erfolgt, ist kein Unterschied, der einen Unterschied macht. Der einzig wichtige Unterschied ist, dass Staat, Mediziner und Massenmedien lügen, wogegen die Rebellen gegen diese Lügen automatisch auf der Seite der Wahrheit stehen. Das muss auch nicht bewiesen werden, sondern ist bereits durch das Rebellentum selbst bewiesen. Wer beim Lügen der Mächtigen nicht mitmacht und Verschwörungen aufdeckt, spricht die Wahrheit. Und wo ich bin, ist richtig.

Tatsächlich ist auf Corona-Demos zu gehen und dort und woanders keine Maske zu tragen und keinen Abstand zu wahren, per se nicht heroisch. Objektiv betrachtet handelt es sich zunächst einmal nur um eine Entsolidarisierung und eigenhändige Entpflichtung gegenüber staatsbürgerlichen

Anforderungen. Der Wert solcher Handlungen speist sich nicht aus dem Rebellentum als Haltung, sondern die Bewertung zivilen Ungehorsams bemisst sich an dem, wogegen Ungehorsam geleistet wird.

Für die allermeisten derjenigen, die sich entsolidarisieren, ist es der Staat. Das Unheimliche – nach Friedrich Schelling das, »was im Verborgenen hätte verbleiben sollen und hervorgetreten ist« – lässt in Zeiten der Pandemie Krankheit, Verfall und Tod sichtbarer werden. Man denke an die Bilder aus Bergamo und New York oder aus Brasilien, wo die Toten sichtbarer sind als in Deutschland, wo oft nur jemand jemanden kennt, der jemanden kennt, der an Covid-19 gestorben ist. Gleichwohl springt auch bei uns der Tod ins Auge, und sei es nur in den täglich präsentierten Statistiken, Grafiken, Kurven und Berechnungen. Die Pandemie als solche bleibt gleichwohl unfassbar, ganz im Gegensatz zum omnipräsenten Staat, der durch Verordnungen und Ordnungshüter viel sichtbarer wird als sonst. In seiner fordernden und auffordernden Haltung, manchmal ist es sogar nur ein Bitten und Flehen, wird der Staat, seine Vertreter und die ihn beratenden Ärzte und

Epidemiologen gleichsam zum Gesicht der Pandemie. Für Menschen, die sich in der von ihnen nicht als solche akzeptierten Notsituation entsolidarisieren, füllt der »böse« Staat damit die Lücke, die bei der Frage nach dem Schuldigen der Pandemie aufklafft und nicht gefüllt werden kann. Wo die Moral ins Leere greift und niemanden zu fassen bekommt, entsteht ein für manchen Geist unabdingbares Feindbild, das dazu verhilft, die Krise im uralten Narrativ von Gut und Böse, Verursacher und Betroffenen, Opfer und Täter, Schuldigen und Unschuldigen zu denken. Wer den Staat und seine hunderttausend Helfer als Täter identifiziert, ersinnt sich dabei zugleich ein altes erzählerisches Motiv, ohne das kein Märchen, keine Sage, kein Drama und kein Film auskommt: den geheimen Wunsch nach Weltherrschaft, die dunkle Seite der Macht, der unbändige Wille zu Lug und Trug im Namen des Bösen.

Politisch gewendet ist dies der Traum von der Diktatur. Zwar fallen real existierende Diktatoren gerade durch ihren Schlendrian im Umgang mit der Pandemie auf, weil sie sich, anders als verantwortungsvolle Demokraten, weniger um ihre Bevölkerung sorgen, von deren Zustimmung sie nicht abhängig sind. Gleichwohl rechtfertigen Menschen in Deutschland, die sich während der Pandemie entsolidarisieren, ihr Tun durch die unmittelbare Bedrohung, Spitzenpolitiker in Deutschland bereiteten durch Corona-Maßnahmen den Sprung in die Diktatur vor. Und nichts anderes täten zugleich alle anderen Regierungen in der Welt. Das politische Feld besteht danach aus zu allem entschlossenen Kriminellen und nützlichen Idioten, die ihnen willig folgen, unfähig dazu, die Folgen ihrer Helfersdienste zu übersehen.

Nicht jeder, der den staatlichen Maßnahmen fundamental misstraut, muss deswegen glauben, Deutschland sei auf dem Weg zu einem *Deep State*, einem Staat im Staate, der sich durch Covid-19 alle Exekutivgewalt sichert, um die Demokratie vollständig und dauerhaft auszuhebeln. Manche reagieren einfach nur wie Kinder, die sich völlig unverschuldet zu Stubenarrest verdonnert sehen. Der Staat tritt dann in die phantasmagorierte Rolle zu Unrecht drangsalierender autoritärer Eltern. Das feine Gewebe aus Rechten und Pflichten im modernen Fürsorge- und Vorsorgestaat wird mit der Machete durchtrennt. Nur die eingeschränkten

Rechte kommen sichtbar auf den Tisch, der Rest fällt hinunter. Hat man sich den Staat erst mal als willkürlichen Verweigerer der Grundrechte vorgestellt, traut man ihm auch schnell alle erdenklichen hinterhältigen Beweggründe zu. Und kann man das unsichtbare Virus schon nicht »bekämpfen«, so nun doch zumindest den sichtbaren Staat, der es einzudämmen versucht. Aus dem unheimlichen Virus wird so kurzerhand der unheimliche Staat. Und die Gesundheitskrise wird zur Krise des Staatsverständnisses.

Im Angesicht solcher Deutungen nützt es wenig, darauf zu verweisen, dass in realen Diktaturen Demonstrationen, die den Staat heftig kritisieren oder gar für den Bösen halten, verboten wären. Auch Organisationen und Initiativen gegen die Regierungspolitik wären nicht möglich. Klagen würden grundsätzlich nicht zugelassen und die sozialen Medien unterdrückt oder radikal zensiert. Warum sollte die Riege von Finsterlingen, die nach Ansicht vieler Corona-Demonstranten unser Land oder gar die ganze Welt schnurstracks in die Diktatur führen, vor solchen drastischen Schritten zurückschrecken? Handelte es sich bei den Maßnahmen in Deutschland wirklich »um den größten Zivilisationsbruch seit 1945«, wie mancher von Koreakrieg, Vietnamkrieg, der chinesischen Kulturrevolution und den Massakern Pol Pots unberührte Corona-Demonstrant meint, so säße er längst hinter Gittern oder wäre samt seiner Familie hingerichtet. Stattdessen betreibt und konsumiert er unbehelligt Kanäle in den sozialen Netzwerken und feiert sich völlig gefahrlos als Aufklärer und Rebell.

In der Aufforderung, sich mit den besonders Verletzlichen und Schwachen der Gesellschaft zu solidarisieren, ausgerechnet »Faschismus« zu wittern, ist eigentlich ein Treppenwitz der Geschichte. Seit wann schlägt das Herz von Faschisten für die Schwachen? Und seit wann sollen Demokratien kein Gebot der Sorge und Rücksichtnahme kennen? Um sich die Welt neu zu strukturieren, greifen Menschen, die sich in der Pandemie entsolidarisieren und entpflichten, auf Muster zurück, die wahl- und hilfloser kaum sein können. Staat – Maßnahmen – Verordnungen – Einschränkung der Grundrechte schalten sie in Windeseile zum Logo »Faschismus« kurz. So räumt sich der verunsicherte innere Haushalt im Nu auf. Die Fantasie möbliert die Vorstellungswelt mit Strukturen und Schlagworten, die eindeutig machen, was unklar ist. Und die Gegenüberstellung der eigenen guten Gesinnung zu einem Staat aus Faschisten und Idioten, aus Verursachern, Mitwissern und Nachplapperern, lüftet das Herz. Solange es klar benennbare Schuldige gibt, Kreise und Gruppen identifiziert werden können, wenn Milliardäre, Juden, korrupte Politiker, bestochene Journalisten, gekaufte Intellektuelle und andere übliche Verdächtige mit miesen Motiven verantwortlich gemacht werden können, lichtet sich der Wald der Welt, und die eigentliche Wahrheit tritt unverhüllt hervor.

Was früher religiöse Verblendung, mangelnde Bildung und Unwissenheit über die Welt waren, speist sich heute aus dem Massenkonsum von Fiktionen in Büchern und weit mehr noch in Filmen, deren erzählerisches Narrativ sich unmerklich über alltägliche Deutungsmuster legt. Und wie im Film der von allen unverstandene Held Machenschaften und Verschwörungen aufdeckt, so auch jene, die die Covid-19-Pandemie für »gemacht« und »inszeniert« halten. Die Pointe dürfte dann in dem schönen Gefühl liegen, zu den wenigen Eingeweihten zu gehören, die sich dem »Mainstream« entgegensetzen. Man ist Einzelkämpfer unter Einzelkämpfern, Teil einer versprengten Gemeinschaft von Durchblickern, die sich in wohliger Kommentargemeinschaft an den elektronischen Lagerfeuern der sozialen Medien wärmt, um anschließend wieder einsam ins kalte, feindliche Leben zu ziehen. In der Gemeinschaft der Eingeweihten ist jedes uralte Vorurteil und jede noch so grob handgezimmerte Meinung willkommen, Hauptsache, sie widerspricht dem »Mainstream«. Das psychische Immunsystem stärkt sich gegen die schnöde Realität durch Demonstrationen von seligem Einklang und Parolen von erlösender Dummheit. Und während den Massenmedien grundsätzlich nichts geglaubt wird, öffnen sich im Netz unbegrenzte und wohlmeinende Räume des Glaubens in denen jede Abstrusität goutiert wird in einem *willing suspense of disbelief*.

Geborgenheit in der Opposition, stolzes Rebellentum, aufrechtes Verteidigen der Rechte und sogar – die Opferrolle! Selten in der Geschichte der Bundesrepublik ergab sich bislang die Gelegenheit, sich auf so kitschige Weise zu überhöhen, ohne dafür auch nur das geringste Risiko einzugehen, geschweige denn etwas leisten zu müssen.

Man ist anständig, nicht weil man Anstand praktiziert, sondern allein deshalb, weil man sich nicht zu den Korrupten zählt. Sätze in YouTube-Filmchen aus dem Kontext zu reißen und hämisch zu kommentieren ist plötzlich Anstand und nicht mehr Denunziation; andere Menschen aggressiv zu beschimpfen Selbstverteidigung und Bürgerpflicht. Und auf Demos Seit an Seit ausgerechnet mit Faschisten wie Neonazis und Reichsbürgern vor Faschismus zu warnen ist kein idiotischer Widerspruch, sondern ein Gebot der Not. So lässt sich heute stolz und kühn quer gegen die Vernunft denken. Und das alles nur, um sich vor der staatsbürgerlichen Pflicht in einem medizinischen Ausnahmefall zu drücken, bei dem es schon eines gehörigen Ausmaßes an selbstverschuldeter Blindheit gehört, ihn nicht zu sehen.

Das Missverständnis der Querdenker, Insurgenten und Empörer gegen die staatlichen Gesundheitsmaßnahmen ist in seiner Banalität leicht zu benennen: Die Aufforderung, als Staatsbürger seinen Pflichten nachzukommen, wird mit Faschismus und Diktatur gleichgesetzt. Zum einen, weil diese Pflichten vielen offensichtlich nicht bekannt sind, da sie in jüngster Vergangenheit nicht eingefordert werden mussten. Zum anderen, weil bereits der Appell an das eigene Pflichtbewusstsein bei manchen Menschen erstaunlich heftige Gegenreaktionen auslöst. Tatsächlich aber ist die alles entscheidende Frage nicht das Auferlegen von Pflichten. Sondern es ist die Frage, *welcher Art* die Pflichten sind, die der Staat auferlegt, und aus *welchem Motiv* heraus. Es macht einen gewichtigen Unterschied, ob der Staat Menschen dazu nötigt, in einen mörderischen Angriffskrieg zu ziehen oder ethnische Gruppen zu denunzieren und in den Tod zu schicken (wie im Faschismus), oder ob er in Zeiten einer gefährlichen Pandemie seine besonders gefährdete Bevölkerung schützen möchte! Entsprechende Maßnahmen »faschistisch« zu nennen bedeutet, den nationalsozialistischen Entsolidarisierungsstaat mit seiner sozialen und ethnischen Auslese dem solidarischen Vorsorgestaat der Bundesrepublik mit seinem Schutz der Schwachen moralisch gleichzustellen. Eine Logik, die etwa so plausibel ist, wie Teufel und Engel moralisch gleichzusetzen, da sie beide Repräsentanten einer höheren Macht sind. Oder Militaristen und Pazifisten, denn schließlich werden beide Gruppen von starken Überzeugungen geleitet.

Wer sich von mutmaßlichen Faschisten umzingelt sieht, braucht sich nicht zu fragen, ob die eigene Moral und das Empathievermögen in einem guten Zustand sind. Auch nicht, ob die vermeintlichen Faschisten letztlich nur dafür herhalten sollen, die eigene Entpflichtung zu rechtfertigen, die ursprünglich vermutlich ein ganz anderes Motiv hat als die Angst vor dem Faschismus. Besonders verängstigt wirken die meisten Menschen auf Corona-Demonstrationen jedenfalls nicht. Moralische Selbstgerechtigkeit ist dabei selbstverständlich kein ganz neues Phänomen. Und doch, so scheint es, glauben Menschen in der westlichen Welt das, was sie heute glauben, anders als früher. Man übernimmt weniger komplette Glaubenssysteme, wie etwa die christliche Religion, den Konservativismus, den Liberalismus oder den Marxismus. Vielmehr ist man Heimwerker des Glaubens geworden. Das Gleiche gilt für die Moral. Was »Faschismus« sein soll, gerät zur Privatinterpretation. Mit einer solchen Baumarktmoral ausgestattet, bestehend aus einer völlig inkonsistenten Do-it-yourself-Weltanschauung, lässt sich prima Halt in der Welt finden. *My belief* ist ebenso individuell wie *my müsli*. Letzte Evidenz für absolute Wahrheit ist die Authentizität, mit der sie gefühlt wird. Und so können Alt-Hippies gemeinsam mit Nazis skandieren. Und Menschen, die sich als Hüter der in der Verfassung garantierten Grundwerte missverstehen, umarmen Reichsbürger, die genau diese Verfassung verachten und abschaffen wollen.

Es ist eine Stärke liberal-demokratischer Gesellschaften, dass sie eine Vielzahl von Gründen moralisch billigen können, ohne dadurch in ihren Fundamenten zu wanken. Wo viel Freiheit ist, ist, wie Friedrich Schiller sagt, auch viel Irrtum. Und trotz der Verantwortungslosigkeit, die darin liegt, die Gesundheit anderer Menschen zu gefährden, tritt der Staat dem Protest gegen seine Maßnahmen im Vergleich zu früheren Situationen vergleichsweise gelassen entgegen. Der bisher einmalige Einsatz von Wasserwerfern ist geradezu verhalten im Vergleich zu deren massenhaften Einsatz auf Anti-Atomkraft-Demos oder beim Kampf um die Startbahn West in Frankfurt. Anders als bei den Protesten der Siebziger- und Achtzigerjahre setzt der Staat in der Covid-19-Pandemie auf die Zustimmung der breiten Mehrheit. Und er kann notgedrungen damit leben, dass eine empörte Minderheit einen gewissen Raum an Narrenfreiheit und in der medialen Berichterstattung ausfüllt.

Die große Mehrheit dagegen verfügt in der Krise über hinreichend Urteilskraft, nicht nur viele Regeln und Maßnahmen nachzuvollziehen, sondern auch die Situation der Ungewissheit zu reflektieren, in der sie – wie richtig oder falsch im Zeitplan und Detail sei dahingestellt – getroffen werden müssen. Politiker können sich der Einsichtsfähigkeit der meisten Bürger sicher sein, bezeichnenderweise nicht nur in Deutschland, sondern in nahezu allen Staaten nicht nur der westlichen Welt. Gleichwohl tut man gut daran, den erstaunlichen Trotz und die Aggression einer lauten Minderheit gegen den demokratischen Fürsorge- und Vorsorgestaat nicht auf die leichte Schulter zu nehmen. Wenn sich Menschen in Deutschland schon gegen Abstandsregeln und ein Stückchen Stoff im Gesicht wütend empören, wie werden sie erst dann reagieren, wenn der Kampf gegen die drohende globale Klimakatastrophe den Bürgern massivere Einschränkungen und Verhaltensänderungen abnötigt? Je zögerlicher diese Mammutaufgabe derzeit angegangen wird, umso dramatischer die Lage und umso größere Herausforderungen kommen in der Zukunft auf jeden Einzelnen in Deutschland und anderswo zu.

All das gibt viel Anlass, nicht nur über persönliches Moralbefinden, sondern auch über die generelle Haltung der Bürger gegenüber ihrem Staat zu reflektieren. Vertrauen und Misstrauen trafen bereits in der sogenannten Flüchtlingskrise hart aufeinander. Und Misstrauen und Generalverdacht gegen den Staat werden nicht ausgeräumt sein, wenn nach der Covid-19-Pandemie alle Grundrechte uneingeschränkt wieder ausgeübt werden können. Denn Abwehrreflex, Rebellionsbedürfnis und vor allem die Entsolidarisierung, wie wir sie bei Corona erleben, sind nicht an bestimmte Ereignisse und Phänomene gebunden, sondern mutmaßlich Ausdruck eines befremdlichen Verhältnisses nicht weniger Menschen zum Thema Rechte und Pflichten. Ihnen sei zunächst erklärt, was auf Corona-Demos und in manchen Echokammern des Internets völlig unbekannt zu sein scheint, nämlich inwiefern der moderne liberal-demokratische Staat nicht nur das *Recht* hat, Regeln und Maßnahmen zum Schutz von Millionen Schwacher und Gefährdeter zu verordnen, sondern – die *Pflicht*!

2.

Es gab einmal eine Welt, in der war jegliche Moral Privatsache mit Ausnahme des Geschäftslebens, minimalen Steuerverpflichtungen und der Strafgesetze für öffentliche Vergehen wie Beleidigung, Diebstahl, Mord und Totschlag. Männer durften ihre Frauen und Kinder verprügeln, wie sie wollten, Sklaven halten, Bauern und Arbeiter ausbeuten und Sex mit Kindern praktizieren – all dies ging die Öffentlichkeit nichts an. Die Wirtschaftskraft der Länder war im Vergleich zu heute gering, das Warenangebot überschaubar, der Analphabetismus hoch, die Wohnquartiere der meisten armselig. Hunger war ein ständiger Begleiter der ungezählten Elenden, und die medizinischen und hygienischen Verhältnisse waren erbärmlich. Es war die Zeit, in der 1776 die US-amerikanische Unabhängigkeitserklärung zum ersten Mal Menschen Grundrechte zusprach, nämlich allen freien weißen Männern der USA. Und es war die Zeit, in der 1789 die französische Nationalversammlung die Menschen- und Bürgerrechte für alle Menschen, gemeint waren ebenfalls Männer, verabschiedete.

Wir leben nicht mehr in dieser Welt; jedenfalls nicht in den liberal-demokratischen Staaten des Westens. Näher dran sind heute noch einige Staaten der arabischen Welt oder manche Länder der sogenannten Dritten Welt wie Haiti, der Südsudan oder Afghanistan. Der radikale Liberalismus, mehr oder weniger verbrämt durch eine ihn stützende Religion, ist in Westeuropa gescheitert und gehört heute ebenso auf den Trümmerhaufen der Ideen wie der diktatorische Staatssozialismus des 20. Jahrhunderts. Die liberal-demokratischen Gesellschaften des 21. Jahrhunderts haben ein anderes Antlitz und eine andere Moral. Die Grundrechte, eine der größten Errungenschaften der Menschheit, werden heute nicht einfach nur gewährt und gewahrt. Denn was nützt es, sie zu haben, wenn man sie nicht in einem erfüllten Leben ausleben kann? Grundrechte sind heute eingebettet in einen Staat, der sich, anders als im radikalen Liberalismus, dazu verpflichtet, Freiheit durch Lebenschancen real werden zu lassen, Ungleichheit durch Steuern und Sozialgesetze abzuschwächen und Brüderlichkeit durch Recht und Solidarität zu praktizieren. Die Bundesrepublik Deutschland ist nicht wertneutral und ihr Grundgesetz kein moralisch unbeschriebenes Blatt. Stattdessen formuliert sie Staatsstrukturprinzipien wie das Demokratieprinzip, das Sozialstaatsprinzip, das Bundesstaatsprinzip und das Rechtsstaatsprinzip. Und ihre grundgesetzlich fixierten Staatsziele sind das gesamtwirtschaftliche Gleichgewicht, die Verwirklichung eines vereinten Europas, die tatsächliche Durchsetzung der Gleichberechtigung von Frauen und Männern, der Schutz der natürlichen Lebensgrundlagen und der Tierschutz.

Wie ist es dazu gekommen? Mit der Garantie von Rechten im späten 18. und im 19. Jahrhundert änderten sich, zunächst nur auf dem Papier, die Lebensbedingungen der Menschen. Mehr noch aber veränderte sich der Staat, genauer: Er änderte seinen Daseinszweck. Der bürgerliche Staat, der im 18. Jahrhundert vorgedacht und versuchsweise gewagt wird, bis er sich im 19. Jahrhundert fast flächendeckend in ganz Westeuropa durchsetzt, ist nämlich kein Selbstzweck mehr. Historisch und menschheitsgeschichtlich eine Revolution. Zuvor hatte sich Herrschaft weithin durch Gottesgnadentum oder die Gnade langer Tradition legitimiert. Sinn des Staates war es, den Staat gottgefällig zu erhalten und entsprechend zu herrschen, was auch immer die Herrschenden darunter verstanden. Für das Bürgertum, das sich auf die Menschen- und Bürgerrechte beruft, muss Herrschaft dagegen von einem Zweck her definiert werden, der nicht in der Herrschaft selbst liegt.

Seit dem 19. Jahrhundert verpflichtet sich der bürgerliche Staat mehr und mehr dazu, das Glück seiner Bürger zu mehren, sei es ganz ausdrücklich, wie in der Verfassung der Vereinigten Staaten, sei es unausgesprochen in den Verfassungen Westeuropas. Den Wohlstand zu mehren, die Gesundheit zu verbessern und die Lebensdauer zu verlängern ist der meist ungeschriebene, aber gleichwohl nachhaltige Verfassungsauftrag bürgerlicher Herrschaft. Und das eudämonistische – also Glück und Lebenserfüllung mehrende – Ziel ersetzt das Gottesgnadentum der Fürstenherrschaft. Was auch immer der bürgerliche Staat an Gesetzen, Regelungen, Verordnungen und Institutionen hervorbringt, alle Regierungsmittel und Regierungstechniken sind der guten Herrschaft verpflichtet;

definiert als stetige Verbesserung des Wohlergehens der Bürger.

Seit der Erklärung der Menschen- und Bürgerrechte stellt sich den Staaten, die sie ihren Bürgern garantieren, deshalb vor allem eine Frage: Wie lässt sich das Ausüben dieser Rechte zuverlässig sichern? Und noch wichtiger: sozial verträglich praktizieren? Grundrechte erscheinen dann als Teil eines feinen Gespinsts von Rechten und Verpflichtungen sowohl auf der Seite des Staates als auch auf der der Bürger. Dass dies gewaltige Konsequenzen für die Reichweite der Moral hat, ist klar. Ethisch oder eudämonistisch motiviert mischt sich der Staat nun in Angelegenheiten ein, die vormals rein privat waren. Ob man eine Rente bezieht, seine Kinder in die Schule schickt, ob Männer ihre Ehefrauen verprügeln, ob man Altöl in seinen Gartenteich kippt oder ob man seinen Hund quält, geht den heutigen liberal-demokratischen Staat, anders als jenem im 18. Jahrhundert, durchaus etwas an.

Moralisches Verhalten steht immer im Kontext, die Rechte anderer zu wahren. Die dazugehörige Einsicht wurde von fortschrittlichen Liberalen im 19. Jahrhundert formuliert, etwa von Wilhelm von

Humboldt oder John Stuart Mill: Die Freiheit des Einzelnen hört dort auf, wo sie die Freiheit anderer elementar einschränkt. Der »einzige Zweck, um dessentwillen man Zwang gegen den Willen eines Mitglieds einer zivilisierten Gesellschaft rechtmäßig ausüben darf ... ist *die Schädigung anderer zu verhüten*«.[2] Der gesellschaftliche Bereich, in dem Menschen vor der und durch die Gesellschaft geschützt werden, gehört demnach ebenso zur praktizierten Freiheit wie der individuelle Bereich der Selbstentfaltung. Denn sobald »irgendetwas in der Handlungsweise eines Einzelnen den Belangen anderer Abbruch tut, hat die Gemeinschaft Rechtsgewalt über ihn, und die Frage, ob das Gemeinwohl dadurch gefördert wird oder nicht, wenn sie sich mit ihm befasst, steht zur Debatte«.[3]

Man tut allerdings gut daran, die Formulierung weiser Sätze durch Philosophen und Verfassungen nicht zu überschätzen. Der moderne Vorsorge- und Fürsorgestaat hat mehrere Quellen, von denen die Einsicht in die Bedürfnisse von Menschen und der hehre Wunsch, sie zu respektieren, nur eine unter vielen ist. Der radikalliberale englische Staat und das liberal-konservative

Deutsche Kaiserreich hatten über viele Jahrzehnte kein Problem damit, dass die Fabrikherren der ersten industriellen Revolution ihre Arbeiter in Achtzig-Stunden-Wochen zu minimalstem Lohn verheizten, Kinder in Bergwerke schickten und Waisenhäuser so brutal ausbeuteten, dass nur die wenigsten die Arbeitssklaverei überlebten. Von Freiheit, Gleichheit und Brüderlichkeit zu sprechen erscheint hier wie blanker Hohn. Und dass das Wohlergehen dabei massenhaft »verkümmerte«, wie der Engländer Mill verhindern wollte, lässt sich beim besten Willen nicht bestreiten. Doch der wichtigste Schritt auf dem Weg zum Wohlfahrtsstaat war keine Frage von Empathie oder Gerechtigkeit, sondern er war ökonomischer Natur. Kaum etwas dürfte so förderlich für das soziale Pflichtbewusstsein vonseiten des bürgerlichen Staates gewesen sein wie die großen Absatzkrisen in der mächtigen Textilindustrie. Industriell hergestellte Ware braucht notwendig eine stetig wachsende Käuferschaft mit entsprechender Kaufkraft. Dieser Widerspruch von betriebswirtschaftlichem Interesse an geringstmöglichen Löhnen und dem volkswirtschaftlichen Interesse an höherer Kaufkraft blieb lange ungelöst. Richtig

Fahrt nahm die Sache erst auf, als die Arbeiterbewegung und die erstarkende Sozialdemokratie die Regierungen bedrängten, »Socialpolitik« zu betreiben. Die staatliche Wohlfahrt kam nun langsam in Gang. Die Gewerkschaften zufriedenzustellen, dem politischen Gegner die Zähne zu ziehen und die Konsumnachfrage anzuheizen waren starke Motive auf dem Weg zum Sozialstaat.

Aber es waren beileibe nicht die einzigen. Die Geschichte des Sozialstaats ist nur dann vollständig erzählt, wenn neben die Sozialpolitik, untrennbar mit ihr verknüpft, auch die »Biopolitik« tritt. Dem französischen Philosophen Michel Foucault ist es zu verdanken, den Begriff Ende der Siebzigerjahre in die Debatte eingeführt zu haben.[4] Kaum war Charles Darwins Evolutionstheorie 1859 erschienen, übertrug man sie als Gesellschaftstheorie in die Politik, nicht anders als zuvor die Evolutionstheorien der französischen Biologen Georges Cuvier und Jean-Baptiste de Lamarck. So lernten Gesellschaftstheoretiker, Ökonomen und Politiker im zweiten Drittel des 19. Jahrhunderts ihre Bevölkerung als »Population« zu begreifen, deren Gedeih und Verderb, wie im Tierreich, von biologischen Selektionsmechanismen bestimmt wurde. Neben

Kriegen und Geburtenraten waren dies vor allem Krankheiten, Seuchen und Epidemien. Populationsdynamiken waren schon zuvor vom britischen Pfarrer und Ökonomen Thomas Robert Malthus, vom englischen Sozialisten William Godwin und vom belgischen Statistiker Adolph Quetelet untersucht und zum Ausgangspunkt weitreichender politischer Überlegungen gemacht worden. Doch erst in der evolutionären Perspektive avancierte die »Volksgesundheit« nun ebenso zu einem politischen Ziel wie das Wachsen der Wirtschaft und die Vermehrung des Wohlstands.

Einfluss nicht nur auf den Einzelnen, sondern auch auf die biologische Entwicklung der Gesamtbevölkerung zu nehmen, wird Ende des 19. Jahrhunderts zur Staatspflicht und »Biomacht« (Foucault) zu einer wichtigen Herrschaftstechnik. Wie die Natur Populationen durch »natürliche Zuchtwahl« absichtslos schafft und vernichtet, fördert und schwächt, so betreibt auch der Staat Zuchtwahl, allerdings eine absichtsvolle und zielgerichtete. Er will Seuchen eindämmen und Krankheiten ausmerzen oder lindern, um somit die Gesundheit seiner Nationalpopulationen zu fördern. Dazu denkt er in Kategorien wie Normwerten, Statistiken, Bestandsgefährdungen und Risiken. Gesundheitspolitik und Sozialpolitik gehen Hand in Hand als Populationsmanagement oder, im Zeitduktus formuliert, als »Menschenökonomie«.[5]

Der selbstgestellte Auftrag, die Physik des Sozialen im Auge zu behalten und Gefährdungen der Population zu verringern, verwandelt den Grundrechte-Staat in einen Fürsorge- und Vorsorgestaat. Der Foucault-Schüler François Ewald belegt eindrucksvoll, wie der moderne Staat aus »Praktiken der Verantwortung« entstand, die allesamt einer Form des politischen Risikomanagements entspringen.[6] Was als heftiger Streit um das Haftungsrecht bei Arbeitsunfällen begann, weitet sich im Laufe des 19. Jahrhunderts mehr und mehr aus zu umfassender Risikoabschätzung. Versicherungswirtschaft sowie staatliche Vorsorge und Fürsorge gehen dabei Hand in Hand mit der Erforschung von Krankheitsursachen, insbesondere von Infektionskrankheiten und Seuchen. Der Staat reformiert sich in vielen kleinen Schritten zum Sozialstaat, indem er alle erdenklichen Risiken des Lebens, der Arbeitswelt und der Gesundheit als denkbare Gefahr für das Wohl der Population ausmacht. Sein Rezept, und mit Foucault gesagt die Technik der Biomacht, besteht nun darin, seine Bürger zu Achtsamkeit und Vorsorge zu verpflichten.

Die staatlichen Maßnahmen der Gesundheitsvorsorge gründen also tief im neuen biologischen Verständnis von Sozialität. Und auch die vielen medizinischen Entdeckungen tragen dazu bei, den Blick vom Individuum auf den biologischen Schicksalszusammenhang mit den Mitmenschen zu weiten und den Staat zum Vorsorgestaat zu machen. Man denke etwa an die enorm bedeutsame Entdeckung der Hygiene des Händewaschens durch den ungarischen Geburtshelfer und Chirurgen Ignaz Semmelweis in den 1840er-Jahren. Die ungewaschenen Hände des Arztes, ja, ungewaschene Hände überhaupt, verbreiten Keime in größter Zahl und gefährden dadurch nicht nur die Geburtshilfe, sondern grundsätzlich andere Menschen. Hygiene ist damit nicht nur Privatmoral, sondern sie geht den Staat und die Öffentlichkeit durchaus etwas an.

Die öffentliche Hygiene wird im Laufe des Jahrhunderts zur immer wichtigeren Staatspflicht. Nationalstaaten behalten sich das Recht vor, Quarantänemaßnahmen für Schiffe im Seehandel und an allen Landesgrenzen einzuführen, um Pest, Pocken, Cholera, Gelb- und Fleckfieber einzudämmen. Statistik und Messungen diagnostizieren gefährliche Abweichungen in der Volksgesundheit. Seit Einführung der Fieberkurve 1859 durch den Mediziner Carl Reinhold Wunderlich lässt sich die Gesundheit in Zahlwerten diagnostizieren, und der Gesundheitsbegriff wird zunehmend normiert. Louis Pasteur macht bahnbrechende Entdeckungen in der Infektionsepidemiologie ansteckender Krankheiten. Nicht nur gelingt ihm 1880 bei der Geflügelcholera die erste Impfung der Neuzeit seit Edward Jenners Pockenschutzimpfung im 18. Jahrhundert. Die Einsichten des Franzosen in die Übertragbarkeit und die Übertragungswege mikrobiologischer Lebewesen schärfen auch den Blick dafür, dass Epidemien davon abhängen, unter welchen hygienischen Umständen Menschen leben und zusammenleben. Volksgesundheit ist eine Frage von Lebensumständen und Verhalten und damit zugleich eine soziale Frage. Wenn der Staat im 19. Jahrhundert ganze Innenstädte abreißt und neu baut, wie unter dem Präfekten Georges-Eugène Haussmann in Paris, dann will er nicht nur städtebauliche Größe demonstrieren und aufrührerischen Bürgern die Schlupfwinkel nehmen, sondern er denkt zugleich an Brandschutz und Hygienemaßnahmen wie Abstände und Kanalisation.

Gegen Ende des Jahrhunderts leisten sich besser Betuchte »Closetpapier« statt alter Zeitungen, und in Breslau werden 1890 die ersten Gummihandschuhe bei Operationen eingesetzt. Der Arzt Johann von Mikulicz erfindet 1897 auch den Mundschutz, eine Maske aus Mull. In kürzester Zeit tragen Ärzte in ganz Europa neben Hauben und Kittel eine »den Mund und eventuell die Nasenlöcher bedeckende Mundbinde« im Operationssaal. Seinen ersten massenhaften Einsatz bei einer Epidemie erlebt die Gesichtsmaske 1910 während der Lungenpest in China, die 60 000 Menschen das Leben kostet. Die Hygienemasken, die der chinesische Arzt Wu Lien-teh anfertigen lässt, optimieren den Mundschutz von einer zu mehreren Schichten Gaze und Baumwolle. Keine zehn Jahre später kommen die neuen Masken bei der Spanischen Grippe massenhaft zum Einsatz.

Der Fortschritt bei Hygienemaßnahmen geht Hand in Hand mit neuen Maßnahmen und Verordnungen des Staates. Während der Spanischen Grippe 1918 wird es in vielen US-amerikanischen Städten Pflicht, in allen öffentlichen Verkehrsmitteln Mundschutz zu tragen. Massenveranstaltungen werden verboten, ebenso das Spucken auf der Straße. Zum Musterbeispiel staatlicher Vorsorgemaßnahmen par excellence aber wird vor allem der Kampf gegen die Tuberkulose, der noch heute gefährlichsten Infektionskrankheit der Welt. Etwa zehn Millionen Menschen erkranken jedes Jahr am *Mycobacterium tuberculosis*, fast eineinhalb Millionen sterben daran. Da die Übertragung durch Tröpfcheninfektion geschieht und Husten infektiöse Aerosole freisetzt, ist jeder erkrankte Mensch eine potenzielle Gefahrenquelle für jeden anderen in seiner Umgebung. Die Entwicklung eines Impfstoffs und seine flächendeckende Anwendung seit den Zwanzigerjahren, dazu staatliche Fürsorgestellen und Heilstätten für Erkrankte reduzierten die Zahl der Opfer in Europa gewaltig, lange bevor Antibiotika zur Verfügung standen.

Der Kampf gegen die Tuberkulose wird damit zum Paradefall für die seit 1871 sogenannte »Sozialhygiene«. Infektionskrankheiten vermehren sich in ihnen entsprechenden Lebensräumen, allen voran in dunklen, kalten und feuchten Räumen und in einem beengten Zusammensein von Menschen. Wohnverhältnisse, Schmutz, Bevölkerungsdichte und Ernährung gehören ebenso zu einer Krankheit wie ihre mikrobakteriellen Erreger. Der schillernde Begriff »Sozialhygiene«, der auch die Fantasien der Sozialdarwinisten und Eugeniker zu einer Volksgesundheit durch Auslese beflügelt, bildet die Klammer zwischen Medizin und Sozialpolitik. Nicht nur das Bürgertum, sondern ebenso das durch Infektionskrankheiten und Seuchen sehr viel stärker gebeutelte Proletariat soll von den allgemeinhygienischen Erkenntnissen profitieren. Allerdings nicht nur aus bürgerlichem Verantwortungssinn heraus, sondern mehr noch, damit sich Infektionskrankheiten wie die Tuberkulose nicht immer wieder von der Arbeiterschaft auf das Bürgertum übertragen.

Auf diese Weise wird Biopolitik zum Motor der Sozialpolitik. Wenn Menschen in einem wechselseitigen hygienischen Bedrohungsverhältnis zueinander stehen, bilden sie als Population eine Schicksalsgemeinschaft. Der Sozialstaat erhält somit ein »natürliches« Fundament. Er sorgt sich um das Leben, und er greift ein, wenn die Population gefährdet ist und ihre Individuen einander zur Gefahr werden. Der kategorische Imperativ, dass man nichts tun sollte, was man nicht durch andere erleiden will, ist zugleich epidemiologischer Imperativ: Handle so, dass dein Vorsorgeverhalten jederzeit zugleich als Prinzip einer allgemeinen Regel zur Erhaltung der Gesundheit aller gelten kann.

Die Grenze zwischen staatlichem Recht und privater Moral, die den Liberalen des 17. und 18. Jahrhunderts noch so wichtig war, hat sich im 19. Jahrhundert verwischt. Privates Glück und öffentliches Glück lassen sich nicht messerscharf trennen, wenn das eine in Fragen der Lebenssicherheit und des Lebensrisikos stark vom anderen abhängt. Die staatliche Zuständigkeit, oftmals verkörpert durch die Polizei und festgelegt im Polizeirecht, soll das körperliche und soziale Wohlbefinden schützen, Risiken minimieren und die unbehelligte Entfaltung innerhalb des staatlichen Ordnungsrahmens garantieren. Aus diesem historischen Grund fällt das Infektionsschutzgesetz der Bundesrepublik Deutschland, das 2001 in Kraft trat, noch immer in das Gebiet des Polizeirechts. Ursprünglich unter dem Eindruck der gesundheitlichen Herausforderung durch das HI-Virus entstanden, bündelt es frühere Seuchengesetze und Gesetze zur Bekämpfung von Geschlechtskrankheiten. Außerdem werden EU-Richtlinien umgesetzt, die Epidemien besser überwachen und kontrollieren sollen. Auf diese Weise entstand auch das Robert Koch-Institut, das heute in der Covid-19-Pandemie so stark im Fokus der Aufmerksamkeit steht.

Der Weg von der Formulierung über die Garantie der Grundrechte bis zum Vorsorgestaat geht also mit einer zunehmenden Verpflichtung des Staates einher, der beides im Auge hat: das Individualwohl und das Gemeinwohl. Biologisch, psychisch und sozial sind sie eng miteinander verflochten. Der Wandel des staatlichen Selbstverständnisses und der Status von Rechten ändern sich dadurch fundamental. Galten die Grundrechte als Schutz des Individuums *vor dem Staat*, so tritt nun eine zweite Verpflichtung hinzu: Die Bürger sollen nun zudem *durch den Staat* geschützt werden.

Eine solche Biopolitik kann allerdings zwei einander völlig entgegengesetzten Zielsetzungen folgen. Der Staat kann versuchen, die natürliche Selektion möglichst weit auszuschalten und *so viel*

Leben wie möglich zu fördern und zu retten, wie die soeben geschilderte Hauptentwicklungslinie im 19. Jahrhundert zeigt. Er kann seine Bevölkerung allerdings auch unter dem Prinzip der *natürlichen Auslese* ausmustern und diese bewusst nicht unterbinden. Der Gedanke völkischer Optimierung durch gewollte Selektion der Starken und Auslese der Schwachen kommt im letzten Drittel des Jahrhunderts mit Macht auf. Wer in Gesamtpopulationen denkt und sie rein ökonomisch betrachtet, dem drängt sich der Sozialdarwinismus ebenso als Möglichkeit auf wie die Solidarität mit den Schwachen. Man beschwört die reinigende Wirkung von Kriegen, berechnet die Kostenersparnis durch die Auslese der Tüchtigen und betreibt »Eugenik«, das Ausmerzen als »lebensunwert« betrachteten Lebens. Auch die bewusste Auslese ist eine Variante der Biopolitik, die mit Biomacht durchgesetzt werden kann. Der deutsche Faschismus der NS-Diktatur spricht hier Bände. Statt möglichst viel Leben zu fördern, wird möglichst viel vulnerables Leben beseitigt.

Der Gedanke des Wettbewerbs und des *survival of the fittest* ist modernen Gesellschaften nicht völlig fremd. Ordnungspolitisch überwacht und durch zahlreiche Regelungen abgemildert beherrscht er bis heute unsere Ökonomie. Doch dass der Staat ökonomisch auf Wettbewerb und damit zugleich auf die Auslese starker zuungunsten schwacher Marktteilnehmer setzt, grundrechtlich dagegen Gleichheit garantiert und sozialstaatlich zur Solidarität verpflichtet, ist eine höchst eigenwillige Konstruktion, die nicht in jedermanns politischem Bewusstsein eine Einheit bildet. Als schillernde Ambivalenz zwischen Kompetition und Solidarität durchzieht sie das ganze 20. Jahrhundert und bestimmt noch in der Gegenwart die politischen Debatten. Bürgern in den westlichen Demokratien ist es demnach freigestellt, wofür sich ihr Verstand und Gemüt stärker erwärmen lassen: für den Gedanken der Ungleichheit und des Wettbewerbs oder jenem der Gleichheit und der Solidarität. Das Parteienspektrum aller westeuropäischen Demokratien bietet hierzu die entsprechende Auswahl. Nicht zur Diskussion dagegen steht die verfassungsrechtlich garantierte Pflicht des Staates, überhaupt Sozialpolitik und mit ihr zugleich auch Biopolitik zu betreiben. Letztere allerdings ausschließlich in der ersten Variante, dem Fördern allen Lebens und nicht dem der Auslese.

Wenn der deutsche Staat in der Covid-19-Krise seine Bürger im Sinne der Vorsorge und der Solidarität mit den Schwachen in die Pflicht nimmt, so übt er damit keine Willkür aus. Ganz im Gegenteil kommt er damit seiner Verpflichtung zur solidarischen Biopolitik nach, die ihm seit dem 19. Jahrhundert mehr und mehr zufällt. Das Recht der anderen auf uns artikuliert sich in der staatlich verordneten Pflicht zu besonderer Rücksicht in medizinischen Krisenzeiten. Sterbenlassen und Auslese dagegen widersprechen der Selbstverpflichtung des modernen Staates zutiefst. Werden sie von vielen Teilnehmern auf Corona-Demos – zumindest von jenen, die die Existenz des Virus nicht leugnen – gegenüber staatlichen Solidaritätsmaßnahmen bevorzugt, so beschwören die Empörer genau jenen faschistischen Geist, den sie albernerweise ausgerechnet dem Staat unterstellen. Die moderne Biopolitik in der Covid-19-Pandemie ist nicht, wie vielfach plakatiert, »der größte Zivilisationsbruch seit 1945«, sondern der Versuch, einen solchen durch massenhaftes leichtfertiges Sterbenlassen zu verhindern.

Die Frage die sich aktuell stellt, ist deshalb nicht, ob der Staat das Recht oder die Pflicht dazu hat, durch Maßnahmen zum Schutz der Schwachen in die Lebensroutinen seiner Bürger einzugreifen und Grundrechte zeitweilig und partiell einzuschränken. Sie ist ohne Umstände zu bejahen, jedenfalls dann, solange man die freiheitlich-demokratische Grundordnung der Bundesrepublik Deutschland anerkennt. Die entscheidende Frage ist, ob der Staat seine Maßnahmen im Fall der Covid-19-Pandemie, wie im Polizeirecht festgeschrieben, im richtigen Ermessen und unter dem Grundsatz der *Verhältnismäßigkeit* tut. Nimmt der Staat seine Pflicht in den Jahren 2020/2021 *angemessen* wahr?

3.

Zu den schwierigsten Dingen für den menschlichen Verstand gehört es, Gefahren realistisch einzuschätzen. Konkrete Bedrohungen des Alltags, wie mulmige Situationen in der nächtlichen Großstadt oder einem Park, die Gefahr abzustürzen, sich zu vergiften oder überfahren zu werden, sind noch relativ leicht abzuschätzen. Ganz anders aber sieht die Sache aus, wenn allgemeine Lebens- und Todesrisiken überschaut werden müssen. Unser animalischer Instinkt für Gefahren wird schnell machtlos und weicht auffälligen Fehleinschätzungen. So etwa wird die Gefahr, in Deutschland durch einen islamistischen Terroranschlag zu sterben, maßlos überschätzt. De facto ist es bei uns wahrscheinlicher, bei einem Blitzschlag ums Leben zu kommen, als durch ein entsprechendes Attentat. Fast neunzigmal mehr Menschen ertrinken in Deutschland, achthundertmal mehr sterben bei einem Autounfall, über zweitausendmal mehr kommen bei einem Haushaltsunfall ums Leben. Und das größte Todesrisiko ist gemeinhin die Grippe, durch die seit dem Jahr 2000 durchschnittlich fast viertausendmal mehr Menschen ums Leben gekommen sind als durch islamistischen Terror.[7]

Sich bei unsichtbaren Gefahren auf Gefühle zu verlassen täuscht fast immer. Unser evolutionärer Apparat ist darauf nicht geeicht. Die menschlichen Vorfahren in der afrikanischen Savanne lernten sehr genau, die Gefahr durch Raubtiere einzuschätzen, aber nicht jene durch Krankheiten oder durch den allmählichen Wandel des Klimas. So fürchten wir uns bei exotischen Urlaubsreisen noch immer über Gebühr vor Haiangriffen im Meer, vor Schlangenbissen und eben auch vor der Gefahr durch arabische Finsterlinge in Deutschland, bei denen unsere Fantasie ebenso Anker in einem Furchtobjekt wirft wie bei Haien und Schlangen. Sich vor übermäßigem Alkoholkonsum, Zigaretten oder Bewegungsmangel zu fürchten ist allerdings weitaus klüger, als einer allgemeinen Hysterie gegenüber islamistisch motiviertem Terror zu verfallen. Gleichwohl erfassten den deutschen Staat, spätestens seit dem 11. September 2001, immer wieder dermaßen hohe Aufregungswellen, dass stets neue Milliarden Euro zur Bekämpfung des Terrors ausgegeben und das Personal und die Befugnisse des Sicherheitsapparats drastisch erhöht wurden.

Natürlich sind solche Vergleiche nicht ganz sauber. Terrorismusbekämpfung ist eindeutig eine Aufgabe des Staates; auf die eigene Gesundheit zu achten sehr weitgehend Privatsache. Aber, wie gerade ausgeführt, gilt das nicht absolut, jedenfalls nicht dann, wenn meine Sorglosigkeit das Leben anderer stark gefährdet. Und wenn Parteien wie die AfD gar nicht genug vor der arabischen Gefahr warnen können, die Covid-19-Pandemie dagegen auf die leichte Schulter nehmen, dann fragt sich, auf welcher nachvollziehbaren Grundlage so bizarr gewichtet wird. Den mehr als 60 000 Menschen, die (Stand Februar 2021) in Deutschland innerhalb eines Jahres mit oder an Corona gestorben sind, stehen jährlich zwischen 100 und 700 Todesopfer durch islamistisch motivierte Terroranschläge in ganz Europa gegenüber.[8]

60 000 Tote im Zusammenhang mit Corona – das sind mehr als bei jeder Grippe-Epidemie der letzten Jahrzehnte und mehr als zwanzigmal so

viele wie Verkehrstote auf deutschen Straßen. Selbst wenn man die schwer zu ermittelnde Zahl derer abzieht, bei denen die Covid-19-Infektion nur zu einem wenige Wochen früheren Tod geführt hat, ist die Zahl hoch. Doch was eine hohe Zahl ist, scheint ebenso subjektiv zu sein wie das, was eine große oder kleine Gefahr darstellt. Während im März 2020 vergleichsweise geringe Zahlen an gemessenen Infizierten viele Bürger zu umfangreichen Vorsichtsmaßnahmen anhielten, wie häufigem Desinfizieren und Waschen der Hände, sind mehr als dreimal so hohe Zahlen im Winter 2020/2021 für manch einen eine weniger große Besorgnis als im Frühjahr. Menschen gewöhnen sich an Ausnahmezustände, in dem sie das, was sie für normal halten, in vielen kleinen Schritten unmerklich verschieben und ihr Leben nach dieser neu empfundenen Normalität einrichten. Auch Angst unterliegt einem Gewöhnungsfaktor. Und die Anwesenheit hoher Kriminalität, die Touristen in brasilianischen Favelas oder südafrikanischen Townships in Unruhe und Angst versetzt, ist für die meisten Bewohner vergleichsweise unaufgeregte, wenn gleichwohl traurige Realität. Manche Menschen reagieren auf den Ausnahmezustand, ungeachtet der erhöhten Gefahr, schlichtweg mit Überdruss, sie sind zunehmend genervt, weil kein Ende in Sicht ist, und übertragen ihre Genervtheit, wie gezeigt, auf ihr Verhältnis zum Staat.

In solcher Lage zwischen Aufregung und Angst, Gewöhnung, Überdruss und Trotz angemessen auf die Covid-19-Pandemie zu reagieren ist eine äußerst schwierige Aufgabe. Welche Maßnahmen und Einschränkungen sind richtig? Wo ist der Staat zu sorglos, und wo reagiert er über? »Das Leben kann«, wie der dänische Philosoph Søren Kierkegaard sagt, »nur in der Schau nach rückwärts verstanden, aber nur in der Schau nach vorwärts gelebt werden.« Wie sehr gilt dies für das Leben in Zeiten der Pandemie und die Frage nach der passenden Reaktion des Staates? Er hat seit vielen Jahrzehnten keine Erfahrungen mit Ereignissen dieser Art sammeln müssen und können. Und was angemessene biopolitische Rationalität in der Covid-19-Pandemie ist, liegt nicht niedergeschrieben und durchdacht vor, sondern wird mühsam ertastet.

Gelassen, mitunter untätig zu bleiben wie bei der Asiatischen Grippe oder der Hongkong-Grippe in den Fünfziger- und Sechzigerjahren geht heute nicht mehr an. Wer über die Informationswege und Informationsfülle des 21. Jahrhunderts verfügt, kann die Augen nicht mehr so leichtfertig verschließen. Kein Wunder, dass der Staat sich diesmal viel stärker in der Verantwortung sieht. Sein Gesundheitssystem ist weit umfassender ausgebaut als damals, und die noch wesentlich größere Schicksalsergebenheit der Weltkriegsgeneration ist einer modernen Medizin gewichen, die verspricht, jedermanns Leben, so es eben geht, zu retten. Und nicht zuletzt die Massenmedien sind heute nicht entfernt das, was sie in den Fünfzigern und Sechzigern waren. Deutlich mehr Informationen aus immer zahlreicheren Kanälen, sehr viel mehr Meinungsfreude, ökonomisch getriebenes Gieren nach Aufmerksamkeit, dazu ständige Kritik an Politikern und Politik in einer Aufregungs- und Entrüstungskultur, hüllen die Regierenden heute in einen medialen Nebel an Ansichten und Forderungen. Dem ist selten kühlen Kopfes zu entkommen.

Man kann als Politiker heute nicht mehr außerhalb der Biopolitik leben. Man kann die Verantwortung für massenhygienisches Verhalten nicht mehr gar nicht oder nur halbherzig wahrnehmen. Und selbst wer sich als Rebell gegen den präventiv-hygienisch handelnden Staat aufspreizt, betreibt damit Biopolitik. Er plädiert ja nicht einfach für staatliche Enthaltsamkeit und Nichteinmischung, sondern er entscheidet sich, ob er will oder nicht, für die sozialdarwinistische Variante des Sterbenlassens statt des Lebenrettens, wie etwa Donald Trump es ziemlich weitgehend tat. Das Solidaritätsprinzip gegenüber den Schwachen wird zugunsten des Ausleseprinzips aufgegeben. Denn diese Auslese vollzieht sich zwangsläufig, wenn der Staat auf vorsorgende Maßnahmen verzichtet. Das Selbstverständnis der handelnden Politiker wäre dann das einer »Herrenmoral« (Nietzsche) statt einer Fürsorgemoral. Wer die Dinge auf diese Weise laufen lässt, schützt nicht die Freiheitsrechte, wie mancher verirrte Geist derzeit annimmt, sondern er will eine andere Werteordnung und einen anderen Staat, für den der Nationalsozialismus und der Stalinismus die Blaupausen liefern. Auch sie betrieben Biopolitik und moralisierten damit das Recht – allerdings unter dem umgekehrten Vorzeichen der dann staatlich zugelassenen natürlichen Selektion.

Weil sie gerade nicht das Prinzip der Auslese verfechten, sind die liberal-demokratischen Staaten des 21. Jahrhunderts dazu verpflichtet, eine Verantwortung für die Gesundheit ihrer Bürger zu tragen, die insbesondere die Schwachen schützt. Der Auftrag dazu stammt aus der Pflicht zur Achtung der Menschenwürde, wie sie das Grundgesetz nach Ausführung des Bundesverfassungsgerichts aus dem Jahr 2005 festschreibt: »Mit der Menschenwürde als oberstem Wert des Grundgesetzes und tragendem Konstitutionsprinzip ist der soziale Wert und Achtungsanspruch des Menschen verbunden, der es verbietet, ihn zum bloßen Objekt des Staates zu machen oder ihn *einer Behandlung auszusetzen, die seine Subjektqualitäten prinzipiell in Frage stellt.*«[9]

Ohne Zweifel dachten die Verfassungsväter nach dem Krieg beim Schutz der »Subjektqualitäten« ihrer Bürger nicht an Pandemien. Der mutmaßliche Gegner, vor dem das Grundgesetz den Einzelnen schützen sollte, war, nach der Erfahrung des »Dritten Reichs«, der Staat selbst. Dass der Staat die »Subjektqualitäten« seiner Bürger durch ein hochmodernes Gesundheitssystem schützen könnte, lag 1949 noch weit außerhalb des Vorstellungsvermögens, und Pandemien galten nicht als naheliegendes Bedrohungsszenario für einen kollektiven Angriff auf das Leben. Doch je leistungsfähiger und umfassender das moderne Gesundheitssystem wurde, umso stärker stellt sich die Frage: Was kann der Staat tun, um mithilfe einer entsprechenden medizinischen Vorsorge und Versorgung das Recht auf Leben seiner Bürger zu schützen und damit zugleich ihre »Subjektqualitäten« zu erhalten?

Menschen, die sterben, weil der Staat sie nicht hinreichend schützt, verlieren eben nicht nur ihr Leben, sondern sie büßen damit zugleich ihre Subjektqualität ein und damit nahezu alle ihre Grundrechte.[10] Zwar kennt das Grundgesetz als obersten Grundsatz die Achtung der Würde und nicht den unbedingten Schutz des Lebens – aber worin soll eine Würde bestehen, wenn das Leben erloschen ist?[11] Von seinem Recht auf Versammlungsfreiheit, Freizügigkeit und der Unverletzlichkeit der Wohnung macht niemand mehr Gebrauch, der tot ist. Entsprechend steht das Recht auf Leben zwar nicht über der Würde. Aber es ist, wie das Bundesverfassungsgericht in einem Urteil aus dem Jahr 1975 sagt, die »vitale Basis der Menschenwürde und die Voraussetzung aller anderen Grundrechte«.[12] Aus dem Grundrecht auf Leben leite sich das Gebot an den Staat ab, sich »schützend und fördernd« vor das Leben zu stellen.

Der Staat hat in der Covid-19-Pandemie die Verfassung also weder außer Kraft gesetzt noch sich grundsätzlich von den Grundrechten verabschiedet. Stattdessen sieht er sich gezwungen, zwischen verschiedenen Grundrechten abzuwägen, wissend, dass kein Grundrecht absolut uneingeschränkt gilt. Geraten Grundrechte miteinander in Konflikt, wie zum Beispiel in der Pandemie das Recht auf Leben und das Recht auf Versammlungsfreiheit, so darf – nein muss! – der Staat abwägen, welches der beiden Grundrechte er im Konfliktfall höher bewertet, um es wirkungsvoll zu schützen. Aus diesem – und nur aus diesem Grund – hat er mehrere Grundrechte zeitweilig einschränkt wie die Freiheit der Person, die Freizügigkeit, die Unverletzlichkeit der Wohnung, die freie Ausübung des Berufs und die Versammlungsfreiheit. Dabei wägt er ab: Wie wahrt man die Grundrechte der in der Pandemie besonders Schutzbedürftigen, und welche Einschränkungen bei den Grundrechten aller sind dafür unumgänglich? So stellt sich in Deutschland die Situation anders dar als in Indien, Südafrika oder auf den Philippinen. Während der Staat dort abwägen muss, wodurch mutmaßlich mehr Menschen sterben – durch Covid-19 oder durch Ausgangssperren und Einkommensverlust für bitterarme Familien –, befindet sich der deutsche Staat, trotz schwieriger Abwägungen, in einer vergleichsweise privilegierteren Position. Er muss das Recht auf Leben nicht mit dem Recht auf Leben verrechnen.

Dass Grundrechte unter ganz besonderen Umständen eingeschränkt werden dürfen, ist also grundgesetzlich zulässig. Zwar dürfen Menschen niemals zu Objekten gemacht werden und dürfen auch nie ihren Charakter als vollwertige Rechtssubjekte verlieren. Aber das Bundesverfassungsgericht sondert die Achtung der Menschenwürde gleichwohl nicht vollständig vom gesellschaftlichen Kontext ab: »Was die Achtung der Menschenwürde im Einzelnen erfordert, kann von den jeweiligen gesellschaftlichen Verhältnissen nicht völlig gelöst werden.«[13]

So etwa sehen die 1968 verabschiedeten »Notstandsgesetze« vor, dass im Falle eines »Notstandes« zahlreiche Grundrechte eingeschränkt werden dürfen. Die damalige Große Koalition, die unter anderem die »Bekämpfung der Seuchengefahr« als Notstandsgrundlage anführte, dachte vor allem an einen Dritten Weltkrieg oder an bewaffnete Rebellionen linker Gruppierungen und an bürgerkriegsähnliche Zustände. Selbst der »Schutz der Jugend vor Verwahrlosung« rechtfertigt bis heute Grundrechtseinschränkungen. Politiker, die sich im konservativen oder rechten Spektrum verorteten, stimmten damals vorbehaltlos dafür. Ein Riss ging dagegen durch die Linken. Umso linker und damit staatskritischer man war, je mehr fürchtete man die Notstandsgesetze als potenziellen Einstieg in die Diktatur. Dass heute überwiegend politisch Rechtsgerichtete die Grundrechtseinschränkungen in der Covid-19-Pandemie verurteilen, lässt einen die Augen reiben. Geht es ihnen wirklich um die Grundrechte? Oder geht es um das Motiv – den Schutz der Schwachen –, das vielen Rechten nicht einleuchtet? Solidarität im Kriegs- oder Bürgerkriegsfall, sogar Solidarität zum Schutz der Jugend vor Verwahrlosung scheinen ehrenwerte Motive für Grundrechtseinschränkungen zu sein. Solidarität mit besonders gefährdeten Menschen nicht.

Die Frage ist also nicht, ob Grundrechte in Notsituationen grundsätzlich eingeschränkt werden dürfen – denn das ist in Deutschland wenig strittig –, sondern welche Biopolitik man möchte: eine solidarische oder eine unsolidarische gegenüber den am stärksten Betroffenen der Pandemie. Und die daran anschließende Frage ist, ob die vollzogenen Grundrechtseinschränkungen tatsächlich angemessen sind (gemäß Paragraf 28 Abs. 1 des Infektionsschutzgesetzes), dass es sich um »notwendige Schutzmaßnahmen« handeln muss, die zur Verhinderung der (Weiter-)Verbreitung der Krankheit geboten sind und dass sie dem »Verhältnismäßigkeitsgrundsatz« entsprechen.

Die Frage der Verhältnismäßigkeit stellt sich in zwei Dimensionen. Einmal: Sind die vom Bund, den Ländern und Kommunen angeordneten Hygienemaßnahmen sinnvoll, um die Pandemie tatsächlich wirkungsvoll einzudämmen? Oder wären andere Maßnahmen geboten, die zielführender sind? Und zum Zweiten: Warum verordnet der Staat im Fall von Corona so weitreichende Maßnahmen und fühlt sich so umfangreich für den Schutz menschlichen Lebens verantwortlich und bei anderen, ebenfalls kollektiv bedrohlichen Risiken, nicht? Während die erste Frage eine politische ist, ist die zweite weitgehend eine philosophische.

Ohne Zweifel fahren die Bundesregierung, die Länderregierungen, die Landkreise und Kommunen in der Covid-19-Pandemie auf Sicht. Wie sollte sie auch anders, wenn der Nebel eines schlecht erforschten, wandelbaren und überraschungsreichen Virus die Sicht dermaßen trübt. Und selbstverständlich kann man kritisch fragen, ob der Staat in der ersten Welle im Frühjahr 2020 die Altenheime zu schlecht, die botanischen Gärten und Parks dagegen völlig unnötig abgeriegelt hat. Man kann auch, gemäß der ewigen Menschheitssitte, stets mit dem Finger auf andere zu zeigen, fragen, wie viel Schuld wohl die Gastronomie, der Einzelhandel oder die Schulen im Einzelnen tragen und wer jeweils mehr oder weniger gefährlich ist – im Zweifelsfall der jeweils andere. Niemand kann ganz genau wissen, wann, wie und warum Menschen sich infizieren. Das Verhältnis der Infektionen im öffentlichen zum privaten Raum ist nur diffus geahnt und prinzipiell nicht vermessbar.

Über die wirksamen oder unwirksamen Maßnahmen zu diskutieren und zu spekulieren ist gut, richtig und notwendig. Und Kritik, da wo sie gut begründet ist, hilfreich. Es gibt starke Motive, den Schutz von und in Seniorenheimen als unzureichend zu brandmarken. Ebenso gute Gründe gibt es, sich zu fragen, warum Deutschland sich so schlecht auf die zweite Welle im Herbst und im Winter 2020 vorbereitete, obgleich die Gefahr sattsam bekannt war. Und bezeichnenderweise ist die Zahl derjenigen, die die Maßnahmen des Staates in den verschiedenen Stadien der Pandemie für zu lasch halten, hier größer als jene, denen sie allgemein zu weit gehen.[14]

Kritik wie diese, betrifft allerdings nicht das *Dass*, sondern nur das *Wie* der Maßnahmen. Die allgemeinste Kritik des *Dass* dagegen wirft dem Staat »Moralisieren« vor und warnt vor Einmischung, Übergriff und »Gesinnungsdiktatur«. Wie gezeigt beträfe dieser Einwand, verfechtet man ihn wirklich konsequent, den gesamten Sozialstaat und seine Daseinsvorsorge, durch die das gleiche moralische Wasser fließt, das auch staatliche Hygiene, Gesundheitsinstitutionen und medizinische Vorsorge durchflutet. Eines ohne das andere ist kaum zu haben, speisen sie sich doch alle aus derselben Quelle: der moralischen Verpflichtung des Staates, das Ausleben der Grundrechte so optimal wie möglich zu gewährleisten. Wer hier vor Gesinnungsdiktatur warnt, äußert selbst eine Gesinnung – nämlich die, dass Moral offensichtlich reine Privatsache sei, wie ehemals bei dem englischen Philosophen John Locke, wonach man seine Frau und seine Kinder getrost schlagen durfte. Tatsächlich ist Moral immer zwischenmenschlich und gesellschaftlich – und damit ohnehin nie rein privat. Mit dem Erscheinen von »Freitag« ist Robinsons Verhalten nicht mehr seine reine Privatsache.

Es ist völlig richtig, dass der Staat nicht die Pflicht hat, alle erdenklichen Erkrankungen zu verhindern und alle Todesrisiken auszumerzen. Dass die Würde im Grundgesetz über dem Recht auf Leben steht, enthält zwar die genannte Paradoxie, ist aber damit gleichwohl nicht hinfällig. Es gibt aufseiten des Staates keine absolute Pflicht zur Verhinderung von Krankheiten, sondern nur eine relative. Auch gilt in Deutschland nicht der Grundsatz des philosophischen Utilitarismus, wonach eine moralisch richtige Entscheidung sich danach bemisst, wie viel Glück sie unter dem Strich fördert und wie viel Leiden sie verhindert. Das utilitaristische Prinzip vom »Glück der größten Zahl«, das Jeremy Bentham Ende des 18. Jahrhunderts formulierte, ist nur für die angelsächsischen Länder von größerer Bedeutung. In

Deutschland dagegen beseelt der Geist von Immanuel Kants Konzept der Menschenwürde das Grundgesetz, das jedem Menschen ein Recht auf Freiheit und Selbstbestimmung zuspricht und ihn dabei nicht als Teil einer Volks- oder Schicksalsgemeinschaft, sondern als einzigartigen Einzelnen adressiert. Menschen dürfen nicht ihrer Würde widersprechend verzweckt werden, auch nicht im Dienst einer guten Sache.

Als Kant dies – zeitgleich mit Bentham – schrieb, kämpfte er damit noch gegen die Willkürherrschaft der Fürsten, denen die Menschenwürde nicht viel bedeutete. Leibeigenschaft war überall statthaft, Frauen waren nahezu rechtlos, und zwangsrekrutierte Soldaten konnten von ihren Landesherren verkauft werden. Der Grundsatz, dass niemand »verzweckt« werden dürfe, war da ein revolutionärer Gedanke in diesbezüglich finsterer Zeit. Dass Staaten tatsächlich Eudämonie als Staatsziel oder Daseinsgrund definieren könnten, lag noch völlig außerhalb der Reichweite des Denkens. Und die Ausweitung eudämonistischer staatlicher Pflicht und Verantwortung im 19. und 20. Jahrhundert konnte Kant in seinen schönsten Träumen nicht mal erahnen.

Politiker, die heute in Deutschland während der Covid-19-Pandemie zwischen grundgesetzlich garantierter Menschenwürde, dazugehörigen Grundrechten und hygienisch-eudämonistischer Verantwortung abwägen müssen, fahren ihre Strecke also zwischen zwei Leitplanken: Grundrechte hier und kollektive Verantwortung für das Wohl aller dort. Der Staat fordert dabei nicht nur von seinen Bürgern, sondern er hilft und schützt zugleich. Er kümmert sich (ob immer erfolgreich genug, sei dahingestellt) um die Beschaffung von Masken und Impfstoffen, bemüht sich darum, die medizinische Grundversorgung aufrechtzuerhalten, und er zahlt gewaltige Summen an finanziellen Hilfen und Kurzarbeitergeld aus.

Gleichwohl kann man sich fragen, ob die Pandemie der Jahre 2020/2021 tatsächlich die Mittel rechtfertigt, die der Staat in Form von Grundrechtseinschränkungen einsetzt. Warum reagiert man so bei Covid-19 und nicht in anderen Fällen, wo hohe Lebensrisiken bestehen? Warum wird hier alles getan, um möglichst viele Schwerkranke und Tote zu vermeiden, nicht aber, wenn es um Ernährungsgewohnheiten geht wie Fast Food, zu viel Zucker und Salz oder Alkohol. Anders als etwa in Schweden ist der Alkoholverkauf in Deutschland bei Erwachsenen nicht reglementiert. Und Begrenzungen, wie viel Zucker in öffentlich verkaufte Speisen und Getränke darf, gibt es nicht, obwohl Übergewicht, Herz- und Kreislauf-Erkrankungen als Folge von Fehlernährung sowie Diabetes sehr häufige Krankheits- und Todesursachen sind.

Der Grund, warum der Staat hier nicht mit Verboten aktiv wird, sondern sich auf Aufklärung beschränkt, ist leicht benannt: Alkohol und Fehlernährung gefährden in erster Linie (wenn auch nicht ganz ausschließlich) den Betroffenen selbst, stellen aber kein vergleichbares Gesundheitsrisiko für andere dar wie die Übertragung eines Virus. Was den Tabakkonsum betrifft, so wurde das Rauchen 2007/2008 in Verkehrsmitteln, öffentlichen Räumen und Gaststätten sehr weitgehend verboten. Der Staat, der sich dabei lauter Proteste, aber auch einer schweigenden Zustimmungsmehrheit sicher sein konnte, schützt damit Anwesende vor den Gefahren des Passivrauchens, verbessert den Brandschutz und vermeidet Verschmutzungen, nicht anders als in vielen anderen Ländern der westlichen Welt.

Staatliche Eingriffe in grundrechtlich garantierte Freiheiten – wie das hier betroffene »Recht auf freie Entfaltung der Persönlichkeit« – sind also keineswegs eine historische Ausnahme in der Covid-19-Pandemie. Und das Grundgesetz lässt sie auch zu, denn die freie Entfaltung der Persönlichkeit hat dort ihre Grenze, wo man »die Rechte anderer verletzt«.[15] Wann und wo das der Fall ist, ist allerdings Auslegungs- und Ermessenssache. Beim öffentlichen Tabakrauchen brauchte es viele Jahrzehnte, ein gewachsenes Gesundheitsverständnis und einen Umschwung der Stimmungslage, um es einzuführen. Dass Raucher (ebenso wie Diabetiker) durch Covid-19 besonders gefährdet sind, nötigt den Staat dagegen nicht zu weiteren Maßnahmen. Eben, weil sie mit ihrem privaten Verhalten allenfalls Angehörige, nicht aber potenziell alle anderen permanent gefährden.

Ein weiterer beliebter Vergleich ist der Straßenverkehr. Auf Deutschlands Straßen sterben im Schnitt etwa 3000 Menschen im Jahr im Zusammenhang mit Verkehrsunfällen, rund 300 000 verletzen sich. Allerdings sind bereits diese Zahlen das Ergebnis eines massiven staatlichen Eingriffs. Früher waren sie, trotz deutlich weniger Verkehr, viel höher. Zwischen 1953 und 1974 kamen in Deutschland etwa 15 000 Menschen pro Jahr bei Verkehrsunfällen ums Leben. Vor allem die Anschnallpflicht, die Senkung der Promillegrenze auf 0,8, die Geschwindigkeitsbegrenzung auf Landstraßen auf 100 Stundenkilometer und strengere Auflagen für den Personenschutz in Fahrzeugen haben die Zahl der Verkehrsopfer massiv reduziert. Die heftigen Proteste in den Siebzigerjahren gegen den Sicherheitsgurt sind heute nur noch eine Fußnote. Dass mit den bisherigen Maßnahmen noch nicht alles getan ist, was der Sicherheit auf deutschen Straßen dient, ist ebenso klar. Kaum vorstellbar, dass eine Gesellschaft, die den Schutz des Lebens und die Minderung von Lebensrisiken als wichtiges Ziel erachtet, nicht weitere Geschwindigkeitsbegrenzungen durchsetzen wird. Die schwindende Bedeutung der deutschen Automobilindustrie in den nächsten Jahren und Jahrzehnten dürfte diesen Prozess beschleunigen.

Ein weiteres Feld für künftige Maßnahmen und Auflagen ist die Umweltpolitik. Es verwunderte zu Anfang der Pandemie in Deutschland nicht wenig, dass der Staat bei einer damals noch recht geringen Zahl an Infektionen einen Lockdown verhängte und dabei sehr genau auf das hörte, was die Virologen und Epidemiologen ihm empfahlen. Während der Bevölkerung noch unklar war, ob Covid-19 tatsächlich gefährlicher sein würde als die Grippewelle 2017/2018, die in Deutschland mutmaßlich 25 000 Menschen das Leben kostete, reagierte der Staat mit einer für viele zunächst verblüffenden Entschlossenheit auf die beginnende Epidemie. Plötzlich zählte das Urteil der Experten, das in der dauerhaft menschheitsbedrohlichen Frage der Klimakatastrophe stets als nicht umsetzbare Empfehlung abgetan wurde und wird. Sinnvolle Maßnahmen, um den CO_2-Ausstoß und Umweltschäden zu verringern, die mit Verzicht, Einschränkungen oder Verboten verbunden sind, wurden bislang sehr sorgsam vermieden – obgleich die Gefahr für künftiges Leib und Leben nicht nur in Deutschland, sondern in der ganzen Welt unvergleichlich höher ist als bei Covid-19. Doch während bei Corona evident ist, dass man jetzt und sofort handeln muss, vertagt man die ebenso dringliche Klimafrage gerne in die Zukunft und bürdet sie in dadurch vielfach potenzierter Form künftigen Generationen auf. Das Gleiche gilt auch für die ungehemmte und rücksichtlose Ausbeutung der Ressourcen des Planeten oder für das dringend notwenige Verbot von nicht recyclebarem Plastik.

Der Vergleich mit der noch immer fahrlässigen und brandgefährlichen Umwelt- und Klimapolitik wirft zwar ein bezeichnendes Licht auf deren Missstand, ändert aber nichts daran, dass der Staat in der Covid-19-Pandemie gezwungen ist, mit vorsorgenden Hygienemaßnahmen zu handeln. Dass die Luftverschmutzung im Zuge der Corona-Maßnahmen deutlich abnahm und dadurch weltweit mutmaßlich 7400 vorzeitige Todesfälle und 6600 Fälle von Asthma bei Kindern vermieden wurden, wie das Max-Planck-Institut für Chemie schätzt, tackert die beiden Themen allerdings sinnfällig zusammen.[16] Dass weniger Auto gefahren und geflogen wird, weniger Strom erzeugt und weniger produziert wird, macht vielen Staaten der Welt wirtschaftlich zu schaffen. Aber es hat zugleich enorm positive Auswirkungen auf die globale Luftqualität und damit auf die Gesundheit.

Die Frage, ob die staatliche Reaktion auf Covid-19 angemessen ist, kann also von zwei Seiten gestellt werden. Einmal aus der Pflicht des Staates heraus, seine Bevölkerung vor dem Virus und damit zugleich voreinander zu schützen. Und zum anderen in Relation zu anderen Gefahren und Risiken, die mutmaßlich vernachlässigt oder nicht ernsthaft angegangen werden. Während die Pandemie global wütet und, Stand Februar 2021, weltweit über zwei Millionen Menschen (mal mehr oder weniger ausschlaggebend) das Leben gekostet hat, litten im Jahr 2020 etwa 800 Millionen Menschen an Hunger, und drei Millionen Kinder unter fünf Jahren starben an Unterernährung. Die bestürzende Tatsache, dass die reichen Länder der Welt nicht entfernt ihrer Verantwortung gerecht werden, daran etwas zu ändern und alles Menschenmögliche zu tun, entbindet die deutsche Regierung allerdings nicht davon, ihre Bevölkerung so gut es geht durch die Covid-19-Krise zu bringen. Dass mehr Menschen in Deutschland durch Haushaltsunfälle sterben als durch Verbrechen, macht die Arbeit der Kriminalpolizei nicht belanglos. Das Handeln des Staates in der Pandemie ist also auch dann innerlich schlüssig, wenn der Vergleich aufzeigt, wie fahrlässig und moralisch zweifelhaft er sich durch vergleichsweise Untätigkeit auf anderen Gebieten verhält.

Die Sorge um die eigene Bevölkerung in der Covid-19-Pandemie ist also weder maßlos übertrieben noch willkürlich. Gleichwohl aber stellt sich selbstverständlich die Frage, wo hier die *Grenzen* des Staates liegen, die sich im Gesundheitsschutz nicht überschreiten lassen dürfen. Dabei steht völlig außer Frage, dass die pandemiebedingt verhängten Grundrechtseinschränkungen schnell wieder rückgängig gemacht werden, sobald die Gefahr gebannt ist. Ob allerdings auf kommunaler Ebene jede Maßnahme, wie öffentlicher Alkoholkonsum an jedem Ort zu jeder nachtschlafenden Zeit, überall wieder erlaubt wird, steht auf einem anderen Blatt. Maßnahmen wie diese verüben keinen schweren Anschlag auf die persönliche Freiheit und werden auch anderenorts getroffen, nicht zuletzt am »Ballermann« auf Mallorca. Ob und inwieweit dies in unseren Städten geschieht, liegt allerdings nicht in der Autorität eines alles durchdringenden Staates, sondern in den Händen demokratisch gewählter Bürgermeister und Stadträte.

Gleichwohl wirft die jahrhundertelange allmähliche Entwicklung zum Fürsorge- und Vorsorgestaat ein ernsthaftes Grenzproblem auf.

Denn mit dem modernen Sozialstaat bietet sich den Regierungen tatsächlich die Möglichkeit, ihre Bürger in einem zuvor ungekannten Maß zu überwachen und zu kontrollieren. Menschen werden nicht nur normiert vermessen von der frühkindlichen Pflichtimpfung bis zur Erfassung medizinischer Daten durch das Gesundheitsamt. Sie werden auch in ihrem Sozialverhalten immer transparenter, vor allem durch den Gebrauch digitaler Medien. Gesundheits- und Krankheitsdaten gelten als das Gold der Zukunftsmedizin. Und die Frage, wer in welcher Form und in welchem Maß auf sie zurückgreifen darf, die Konzerne und der Staat, ist äußerst brisant. Befürchtungen, dass das Recht auf informationelle Selbstbestimmung in der digitalen Medizin schrittweise ausgehöhlt werden könnte, sind leider realistisch. Der Staat und die Digitalkonzerne müssen hier strengstens kontrolliert und ihr Zugriff auf Medizindaten in engen rechtlichen Rahmen überwacht werden. Die gründliche Diskussion um die Corona-Warn-App und ihre Sicherheit liefert dafür ein gutes Beispiel. Mag die App die zum Teil völlig überzogenen Erwartungen mancher Nutzer selbstverständlich nicht erfüllen, so hat sie sich bis heute doch datenschutzrechtlich als vertrauenswürdig erwiesen.

Der Wind, der die datenrechtlichen Schutzzäune zaust, ist in jedem Fall sehr heftig. Wenn sich die Tendenz der letzten beiden Jahrhunderte zu immer besserem Schutz des Bürgers gegen Lebensrisiken weiter verstärkt, so ließe sich hier noch vieles weitertreiben. Das Silicon Valley ist ein gefährlicher Vorreiter in dem Bestreben, Freiheitsspielräume durch technische Lösungen sozialtechnisch zu minimieren. Wenn mehr und mehr Menschen freiwillig bereit sind, ihre Lebensrisiken durch digitale Selbstüberwachung zu verringern, warum sollten Konzerne diese Daten nicht nutzen? Vorausgesetzt der Betroffene erhebt keinen Einspruch. Und wird er es tun, wenn ihm Versicherungen für die Bereitstellung von Daten künftig bessere Tarife anbieten? Der Silicon-Valley-Protektionismus hat ein freundlicheres Gesicht als die Social-Credit-Diktatur in China, die durch technische Überwachung ermittelte Tugenden belohnt und Fehlverhalten bestraft. Doch auch in den USA und in Westeuropa werden Menschen zunehmend geheimnisloser. Die Besorgnis gilt in gleichem Maße für die gemeinhin viel zu schlecht kontrollierten Geheimdienste wie für die Privatwirtschaft. Digitales Ausleuchten, das mit dem Schrittezählen, der Standortermittlung, dem Protokoll unserer Aufrufe und Anrufe sowie unseres App-Gebrauchs beginnt, verringert unsichtbar und oft unbemerkt unsere Freiheit.

Die Lage ist paradox: Einerseits können Menschen in Deutschland heute so frei leben wie nie, weil der Staat ihnen die bessere Entfaltung ihrer Lebenschancen durch Fürsorge- und Vorsorge ermöglicht. Im Krieg massakriert zu werden, zu verhungern, zu erfrieren, an Elendskrankheiten zugrunde zu gehen, bei einem Arbeitsunfall zu Tode zu kommen, im Alter vor die Hunde zu gehen – all das ist in Deutschland heute unwahrscheinlicher als je zuvor in der Geschichte. Und auf der anderen Seite schränken Menschen ihre Freiheit durch den Gebrauch digitaler Medien mehr und mehr ein, oft ohne sich dessen bewusst zu sein. Man gewinnt Bequemlichkeit und vermeidet Lebensrisiken, macht sich dabei aber oft passiver und vor allem mehr und mehr transparent – wer auch immer am Ende davon profitiert.

Vollständige Risikovermeidung hat als letzten Fluchtpunkt immer den Tod. Nur der Zustand des Todes schützt vor allen Unbilden und Ungewissheiten des Lebens. Lebensrisiken zu minimieren ist also stets eine Balance zwischen dem Abenteuer – dem Auskosten des Lebens in seiner Vielfalt – und der Passivität, in der einem nach Möglichkeit wenig oder nichts geschehen soll. Je mehr Risiken ich minimiere, umso stärker obsiegt das Prinzip der Leidvermeidung über das der Lustgewinnung. Und umso langweiliger wird das Leben.

Was auf diese Weise individuell gilt, gilt ebenso für die Abschätzungen des pflichtbewussten Staates. In den Ausnahmezeiten der Pandemie kann jeder andere Mensch als potenzielle Gefahr für den anderen gesehen werden. So ähnlich denken, rein berufsbedingt, auch Polizisten. Legt der Staat als Ordnungshüter diese Brille nicht mehr ab, so droht die Gefahr des dauerhaften Übergriffs auf grundrechtlich geschützte individuelle Lebensrisiken. Umso wichtiger ist es, die Pandemie als unbedingte Ausnahmesituation zu betrachten und nicht als Vorwand dafür, Grenzen zu verschieben. Die Angst um die eigene Gesundheit und die Gesundheit anderer, die der Staat in Zeiten von Covid-19 immer wieder genährt hat, darf nicht als

Relikt des Virus zurückbleiben. Auf die Angst muss eine Phase der Zuversicht folgen, unterstützt von Politikern, die ihre pandemiebedingte Machtfülle wieder vollständig reduzieren.

Dazu gehört auch, ernsthaft darüber nachzudenken, bis zu welchem Grad das Infektionsschutzgesetz als Polizeirecht tatsächlich der geeignete rechtliche Rahmen staatlicher Hygienepolitik ist. Nach der vom Bundesverfassungsgericht entwickelten Wesentlichkeitstheorie ist es die Aufgabe des Parlaments, wesentliche Fragen der Grundrechtsausübung und -eingriffe zu regeln, und nicht die der Ministerpräsidenten. Infektionsschutz als Polizeirecht, der auf dem Verordnungswege erfolgt, kollidiert hier leicht mit der demokratischen Zuständigkeit des Parlaments. Eine juristische Herausforderung, die vor jedem mutmaßlichen erneuten Hereinbrechen eines gesundheitlichen Ausnahmezustands angenommen werden muss.

Ein Zwischenfazit? Grundrechte können nur dann ausgelebt werden, wenn der Staat das Seine dafür tut, ein solches Ausleben auch zu ermöglichen. Freizügigkeit zu garantieren ist ziemlich witzlos, wenn Wohnorte und Heimatländer nur mittellos durch Flucht verlassen werden können.

Körperliche Unversehrtheit ist ein Hohn, wenn Menschen sich durch unzumutbare körperliche Arbeit ihren Lebensunterhalt verdienen müssen und im Krankheitsfall nicht geschützt sind. Die freie Entfaltung der Person setzt Bildungschancen, den Schutz vor Kriminalität, eine gesicherte Rente und vieles andere voraus. Staatliche Fürsorge- und Vorsorgepflicht und freies Ausleben der Grundrechte bedingen sich also wechselseitig. In genau diesem Spannungsfeld bewegt sich auch die staatliche Biopolitik: als ein Spagat zwischen der unantastbaren Autonomie der Bürger und der Schutzpflicht des Staates. Parallel dazu sind die Vorsorge- und Fürsorglichkeitserwartungen der Mehrheit der Bürger an den demokratisch-liberalen Staat im Laufe der letzten beiden Jahrhunderte kontinuierlich gestiegen. Der Staat, der auf einem eudämonistischen Sockel steht, soll sie vor bestimmten Lebensrisiken schützen und ihr maximales Wohlergehen zwar nicht garantieren, aber zumindest ermöglichen. Denn genau so ist er seit dem »Tod Gottes« und des alten Naturrechts in der Staatstheorie legitimiert. Dass dies zu Spannungen führt zwischen Recht und Pflicht, Freiheit des Einzelnen und staatlicher Verantwortung, ist unvermeidbar. Eben darum wird die gerade diskutierte Angemessenheit zum Schlüsselkriterium legitimen staatlichen Handelns.

Um seiner Vorsorge- und Fürsorgepflicht nachkommen zu können, ist der liberal-demokratische Staat, der kein alles kontrollierender Polizeistaat ist, allerdings auf die Mithilfe und das Einsehen seiner Bürger angewiesen. Dass sie sich an die Maßnahmen gegen die Covid-19-Pandemie zu halten haben, steht juristisch außer Frage. Doch wovon hängt es ab, ob sie diese Pflicht moralisch für sich annehmen oder nicht?

4.

»Kein Bereich des Lebens – weder in politischen noch in privaten, weder in die Öffentlichkeit noch die eigene Familie betreffenden Fragen, weder wenn du, auf dich allein gestellt, etwas unternimmst noch mit einem anderen dich zusammentust – *kann von Verpflichtung frei sein*: Es beruht in ihrer Beachtung alle Ehrenhaftigkeit der Lebensführung, in ihrer Nichtachtung alle Schande.«[17] Für den römischen Politiker und Philosophen Marcus Tullius Cicero war es noch selbstverständlich, dass jedes Handeln etwas mit Pflicht und Pflichtgefühl zu tun hat. Was auch immer ich tue, ehrenhaftes Verhalten muss von schändlichem Verhalten getrennt werden. Das, was man *achtet*, muss von dem unterschieden werden, was man *ächtet*. Und hat man einmal für sich erkannt, was genau man für achtenswert hält, so sollte man sich als Leitfaden daran orientieren. Der moralisch denkende Mensch *verpflichtet sich selbst*, seiner Überzeugung treu zu sein. Einer Überzeugung, die nicht nur das Nützliche kennt, wie die Tiere, sondern ebenso das, was den Menschen nach Cicero von den Tieren unterscheidet: das Ehrenhafte. Dabei ist alles Ehrenhafte zugleich nützlich, denn es dient auf jeden Fall dem eigenen Selbstwertgefühl. Umgekehrt jedoch ist beileibe nicht alles Nützliche ehrenhaft, zumal dann nicht, wenn es sozial teuer erkauft wird.

Cicero schreibt diese Gedanken im Winter des Jahres 44 vor Christus auf. Von griechischen Schriftrollen umgeben hockt er unruhig auf seinem Landgut Formianum, einem Anwesen im Villenviertel Tusculanum, dem heutigen Frascati. Sein Blick auf die Hügel der Albaner Berge ist von Sorgen umwölkt. Julius Cäsar ist im März ermordet worden, und Cicero hat die Republik in großen Reden gegen Marcus Antonius verteidigt, der ihn ins unfreiwillige Exil zwingt. Zurückgezogen in seine Bücherwelt schreibt er seinen berühmten Dialog über die Freundschaft (*Laelius de amicitia*) und seine ebenso berühmte Schrift über das pflichtgemäße Handeln (*De officiis*).

Mit bitterer Ironie vergleicht der Autor seinen erzwungenen Ruhestand mit dem des berühmten

Publius Cornelius Scipio Africanus, des Siegers gegen Hannibal, der sich zum Lebensende verbittert nach Kampanien zurückgezogen hatte. Und Cicero meint wohl nicht nur Scipio, sondern zugleich sich selbst, wenn er den Feldherrn zitiert, er sei »niemals weniger untätig gewesen, als wenn er untätig, und weniger einsam, als wenn er einsam sei«.[18] Das Freisein von Tätigkeit ermöglicht das tiefere Nachdenken über Tätigkeit. Und entfernt »vom bunten Treiben der Menschen … in der Einsamkeit wie in einem Hafen« lebend schärfen sich die Gedanken.[19]

Stillgelegt und mit großem Abstand zu den anderen vertäut liegt auch im Winter 2020/2021 manches Schiff in seinem Hafen. Das heiß gedrehte Leben hat sich entschleunigt, erscheint gleichsam kaltgestellt im Homeoffice, dem heimatlichen »Pflichtort«. Abseits des täglichen Treibens, des Schneller, Höher, Weiter unserer Lebenswelt, schärft sich der Sinn für das, was unter der Oberfläche unserer Alltäglichkeiten das Leben ausmacht, auf eitle und nachhaltige Freuden, unwichtige und wichtige Bedürfnisse. Und bei vielen schärft sich auch der Sinn dafür, wie sehr Menschen aufeinander angewiesen sind, als Angehörige oder

Freunde, Gesprächspartner oder Menschen, von denen man einfach nur ganz beruhigend weiß, dass sie da sind.

Ciceros Gedanken dürften ähnlich gewesen sein. Was bleibt und was ist wichtig in der Abgeschiedenheit von Tusculanum? Was ist die *humanitas*, das gute, dem Menschen von Natur aus zukommende richtige Leben? Und er denkt sorgenvoll an seinen Sohn Marcus, der in Athen ziemlich faul und motivationslos studiert. Ihm will er in *De officiis* durch Briefe ins Gewissen reden, ihm sagen, was im Leben wirklich zählt und was dies mit den Pflichten des täglichen Lebens zu tun hat. Und er will der künftigen Elite, den Staatslenkern, allgemein nahelegen, woran sie ihr Handeln orientieren sollen. Seine eigene Orientierung gewinnt Cicero aus der antiken griechischen Philosophie, insbesondere jener Platons, jener des Aristoteles und am meisten jener der Stoiker. Was wissen sie über das *kathēkon*, »das einem Zukommende«, das Cicero mit *officium* übersetzt?

Wenn Cicero an die Pflicht denkt, denkt er zunächst nicht an den Staat. Einen Fürsorge- und Vorsorgestaat gibt es in Rom so wenig wie unveräußerliche Grundrechte. Für Cicero ergibt sich die

Pflicht als logische Folge aus dem eigenen Selbstbild: Handele stets so, dass du mit dir im Reinen bist. Doch was ist dieses Reine? In der antiken griechischen Tradition soll der Mensch nach Vortrefflichkeit *(aretḗ)* streben. Je vortrefflicher der eigene Charakter ist, umso werthaltiger und erfüllter sei auch das Leben. Denn wer mit sich selbst im Reinen oder, wie Aristoteles sagt, »befreundet« ist, kann besser angemessen mit den eigenen Bedürfnissen und den Anforderungen der Welt umgehen. Und wie erlangt man Vortrefflichkeit? Indem man nach Tugenden strebt, allen voran nach Gerechtigkeit, nach Weisheit, nach Tapferkeit und nach Mäßigung. Diese vier Leitsterne leuchten dem Menschen aus, was es heißt, ein gutes Leben zu führen. Und je stärker man sich an ihnen orientiert, umso mehr nimmt man sie, nach antiker Vorstellung, in sich auf und modelliert damit seinen Charakter.

So weit, so persönlich und so individuell. Doch dabei bleibt es nicht. Denn den antiken Griechen fast jeder Schulrichtung ist völlig bewusst, dass ein soziales Wesen wie der Mensch ein erfülltes Leben nur in der Gemeinschaft führen kann. Die *aretḗ*, ursprünglich ein Begriff für militärische Tüchtigkeit, wandelt sich im Fortgang der Philosophiegeschichte immer mehr ins Soziale. Ein vortrefflicher Mensch ist nicht nur gerecht, weise, tapfer und in seinen Affekten moduliert, er ist auch sozial kompetent. Cicero legt großen Wert darauf zu betonen, dass es gerade besonders begabten Menschen nicht zusteht, sich aus der Politik herauszuhalten. Ihr Auftrag, vor allem in der stoischen Tradition, ist es, dem Gemeinwesen nach allen Kräften zu helfen.

Moral ist Arbeit an sich selbst und damit zugleich Arbeit für andere. Wenn Cicero dabei von *moralis* spricht, so meint er das Gleiche, was die antiken Griechen als *ethikos* bezeichneten, nämlich »zum Charakter gehörend«. Für die Tugendethik bildet der Charakter eines Menschen sein Zentrum, das sich durch fortwährende Anstrengung mehr und mehr festigt. Und wie das bei Arbeit ist, insbesondere bei der Arbeit an sich selbst: Die einen tun es sorgfältig und gründlich mit wachsender Meisterschaft, und die anderen kultivieren ihren Charakter wenig, oberflächlich und schludrig. Sie legen sich zu wenig, zu selbstsüchtig oder zu blind und eitel Rechenschaft über die Motive ihres Handelns ab. Der Charakter verkommt dadurch mehr und mehr, und statt vortrefflich und damit glücklich zu werden, giftet man durch die Welt, erfüllt von Habgier, Eitelkeit, Neid und Hass.

Je mehr diese Eigenschaften die Kontrolle über das Handeln übernehmen, umso schlechter ist es um die *moralis* bestellt. In diesem Punkt waren sich nahezu alle antiken Denker einig. Dass die Kardinaltugenden gut und richtig, die Charakterschwächen schlecht sind, daran besteht für sie kein Zweifel. Die Unterschiede betreffen lediglich das Ranking der Tugenden. Leuchtet die Idee des Guten über allem (Platon)? Entspricht sie eins zu eins der Gerechtigkeit (Cicero)? Oder ist es die *phronesis*, die ganz pragmatische Lebensklugheit, die das Konzert der Tugenden harmonisch dirigiert (Aristoteles)? Jedem Urteil, was moralisch richtig und angemessen ist, geht demnach eine bestimmte Vorstellung voraus, nämlich die, was es heißt, ein gutes Leben zu führen.

Die Frage ist keine Banalität, sondern die entscheidende Grundlage für alle weiteren Überlegungen. Möglicherweise ist sie sogar das Wichtigste, was uns von der Tugendethik geblieben ist. Über anderes hingegen ist die Zeit hinweggegangen. Dass Menschen einen ganz festen Charakter haben, können Moralpsychologen und Sozialpsychologen heute nicht mehr bestätigen. Charaktere sind wandelbar, äußerst anpassungsfähig und oft genug in sich widersprüchlich. Auch *hat* man keine Tugenden, man besitzt sie nicht als unveräußerliches Eigentum. Es gibt keine durch und durch tapferen oder gerechten Menschen, die sich die Tugend der Tapferkeit oder der Gerechtigkeit einverleibt haben. Sondern es gibt Menschen, die auf unterschiedliche Weise tapfer sind und für die die Gerechtigkeit situativ einen hohen oder geringen Wert darstellt. Ein tapferer Soldat kann feige im Umgang mit seiner Frau und seinen Kindern sein und ein gerechter Richter ungerecht zu seinen Geschwistern. Es gibt eitle Priester, die Demut predigen. Es gibt Philosophen, die alle Weisheit der Welt reflektieren und ihr Leben gleichwohl höchst unklug führen. Und es gibt feinfühlige Menschen, die sich in Gefängnissen oder Straflagern in harte Hunde verwandeln.

Die erste Korrektur, die die Moderne an Cicero sowie der gesamten Tugendethik vornimmt, ist die Einsicht, dass Moral eine Frage des Kontextes ist. Zwar lehren auch die Tugendethiker, dass Moral stets situationsbezogen ist, aber sie nehmen doch an, dass sie ihr Zentrum in einem festen Charakter hat. Die Fragen »Was ist ein gutes Leben?«, »Was schulden wir anderen Menschen?« und »Was sind ihre Rechte auf uns?« schillern also zwischen zwei Polen: zwischen *Situation und Kontext* auf der einen und unserem *Selbstbild* auf der anderen Seite. Ein Kriterienkatalog für gutes Handeln, wie die Tugendethiker ihn zusammenstellen, nützt deshalb nur begrenzt. Er gibt keine Anweisung in Dilemma-Situationen, wenn Tugenden oder Werte miteinander kollidieren. Und er sagt, auf der Seite des Selbstbildes, nichts darüber aus, aus welchem psychischen Motiv heraus jemand etwas tut oder unterlässt. Ethiker – insbesondere in der Tradition Kants – legen gemeinhin großen Wert darauf zu unterscheiden, ob jemand das Richtige *tut* und aus welchem *Motiv* heraus jemand das Richtige tut. Ob Angst oder Einsicht mein Motivator ist, ist nicht dasselbe, und auch nicht, ob ich jemanden pflege, um zu erben oder aus Empathie oder Pflichtgefühl. Das Gleiche gilt für das Tragen von Masken in der Covid-19-Pandemie. Ob Angst vor (äußerst selten verhängten) Strafen mich leitet oder Empathie, Solidarität und Pflichtgefühl, ist, ethisch betrachtet, nicht das Gleiche.

Das Zentrum meiner Ethik ist weder, was ich tue, noch, was ich sage. Es ist, *für wen oder was ich mich halte und halten will.* Zwar entsteht Ethik durch Tun und prägt damit das Sein. Aber nicht das Tun, sondern mein Selbstbild beurteilt, was ich für richtig und falsch halte. Kein Wunder, dass es in der Wahrnehmung anderer nicht allein darauf ankommt, was ich sage und tue. Ebenso entscheidend ist, *wer* etwas tut oder sagt. Der Vorstand eines DAX-Konzerns wird anders wahrgenommen, wenn er den Kapitalismus oder unsere extensive Lebensweise geißelt, als ein Abgeordneter der Grünen oder der Linkspartei. Ein Pazifist, der zum Krieg aufruft, anders als ein General.

Wenn es aber mein Selbstbild ist, das im Zentrum meiner Grundüberzeugungen, meiner Weltanschauung, meiner Ethik und meiner Meinungen steht, dann hat das weitreichende Konsequenzen. Moralische Haltungen zum Leben entstehen dann nicht durch lange Überlegungen und sorgfältiges Abwägen. Die größte Entscheidung beginnt schon bei der Frage: Will ich überhaupt tugendhaft sein? Und wenn ja in welchem Maße? Möglicherweise gefalle ich mir ja lieber in der Rolle desjenigen, der gegen den »Tugendterror« rebelliert, statt selbst tugendhaft zu sein? Vielleicht erfrischt es mein Selbstbild, Risse und Widersprüche in den Selbstbildern der anderen auszumachen, so sehr, dass ich mir selbst gar nicht erst moralische Fragen stellen muss? Und wenn ich dann noch ausreichenden Beifall bekomme von jenen, die den gleichen Ausweg gefunden haben, kann ich mich damit häuslich einrichten.

Eine solche Kannibalen-Moral, die sich vom echten oder vermeintlichen Versagen der anderen ernährt, ist die gängigste Lizenz für Empathielosigkeit und die beste Grundlage jedweder Entpflichtung. Die Frage, was Menschen dazu treibt, sich in der Pandemie von ihrer Pflicht gegenüber den Rechten der anderen zu entpflichten und sich im Fürsorge- und Vorsorgestaat unsolidarisch zu verhalten, ist damit zumindest im Umriss beantwortet. Mein Verhaltenskompass wägt meine individuellen Rechte nicht mehr mit meiner Pflicht zur Rücksicht ab, sondern er isoliert meine Rechte radikal von den Pflichten. Oder er erfindet im Zweifelsfall ganz eigene Pflichten, wie die Rebellion gegen einen imaginären Gegner, die mich keinen Verzicht und keine Rücksichtnahme kosten.

Warum aber tun sich viele Menschen mit ihren Pflichten so schwer, ignorieren sie oder diskutieren sie weg? Das »Tragen« als sinnvoll und nachvollziehbar bejahter Pflichten ist, psychologisch betrachtet, auffallend schillernd. Intuitiv schießt beim Klang des Wortes meist wenig Ehrenhaftes durch den Kopf. »Pflicht« fühlt sich an wie Zähneputzen, Vorsorgeuntersuchungen, Spülen und Aufräumen. »Kalt, spitz und stechend«, wie der norwegische Schriftsteller Henrik Ibsen sagt, klingt die »Pflicht« vielen in den Ohren. Gesellschaften, die nicht mehr wie zu Zeiten Ciceros um den Begriff der »Ehre« kreisen, sondern um das Geld, tun sich weitaus schwerer damit, Pflichterfüllung als ehrenvolle Charakterarbeit zu sehen. Pflichterfüllung changiert heute zwischen dem Unwillen, »lästige Pflichten« tun zu müssen, und der meist positiven Selbstwirksamkeitserfahrung, »seine Pflicht zu tun«. Pflichten hat kaum einer gerne, aber man fühlt sich oft gut und befriedigt dabei, sie getan zu haben.

Von Ciceros Abwägung des Ehrenvollen mit dem Nützlichen ist heute oft nur das Zweite geblieben. Dazu passt, dass liberal-demokratische Gesellschaften im 21. Jahrhundert dazu neigen,

Pflichterfüllung mit Kritiklosigkeit und Konformismus gleichzusetzen – ein fatales Missverständnis! Denn gutes Staatsbürgertum verpflichtet keineswegs zur unbegrenzten Anpassung. Niemand ist moralisch dazu verpflichtet, als Fußgänger eine rote Ampel als unbedingtes Haltesignal zu achten. In manchen Städten, etwa in New York, kann es sogar ein Gebot der Klugheit sein, das Rot für Fußgänger nicht allzu ernst zu nehmen, da man sonst bei kurzer Ampeltaktung nicht über die dicht befahrenen Straßen kommt. Etwas völlig anderes ist es, eine rote Ampel *mit dem Auto zu überfahren*, wenn nach eigenem Ermessen augenscheinlich niemand dadurch zu Schaden kommt. Wer die rote Ampel als Fußgänger überquert, riskiert damit sein eigenes Leben. Wer jedoch selbst zu entscheiden glaubt, ob eine rote Ampel für sein Auto ein Stoppsignal ist, gefährdet damit das Leben anderer Menschen! (Ein paar Scherzkekse im Internet scheinen diesen einfachen Unterschied nicht verstanden zu haben. Sie setzen mein Nein zum *Überfahren* roter Ampeln durch Autos (!) mit dem Übertreten von roten Ampeln durch Fußgänger (!) gleich und produzieren damit philosophischen Klamauk.)

Anders als Verstöße gegen die eigenen moralischen Ansichten bemessen sich Norm- und Regelverstöße am potenziellen Schaden, der anderen Menschen dadurch zugefügt wird. Pflichterfüllung ist kein Selbstzweck, und Pflichten, die frei von gutem Nutzen sind, sind kritisch zu hinterfragen. Pflichtbewusster Staatsbürger eines liberal-demokratischen Staates zu sein bedeutet also mitnichten Kritiklosigkeit oder einen Glauben an alle massenmedial verbreiteten Mehrheitsmeinungen. Wer gegen Kohlekraftwerke oder Aufrüstung protestiert, vernachlässigt nicht seine staatbürgerlichen Pflichten, lässt deswegen nicht Empathie vermissen oder missachtet die Schwachen und Schutzbedürftigen. Doch was sich auf Querdenker-Demos abspielt, ist keine Rebellion im Namen der *humanitas*. Es lässt sich nicht vergleichen mit einem Protest gegen den Hunger in der Welt bei gleichzeitigem Überfluss der reichen Länder oder dem Aufbegehren gegen die noch immer rasant fortschreitende Zerstörung der klimatischen Lebensbedingungen des Menschen auf der Erde. Stattdessen geht es vor allem gegen ein Stückchen Stoff, das Leben schützen soll und es nach Ansicht vieler Experten auch tut.

Jeder Staatsbürger hat das moralische Recht, ja sogar die moralische Pflicht, sich zu entpflichten, wenn die angewiesene Pflicht der *humanitas* widerspricht! Widerstand gegen staatliche Willkür, großes Unrecht oder die Gefahr einer Tyrannis sind nicht nur nach antikem Verständnis moralische Bürgerpflicht. Allerdings lässt sich mit klaren Augen nicht sehen, inwiefern die Covid-19-Rebellen auf ihren Querdenker-Demos oder in ihren Internetforen für die *humanitas* einstehen. Stattdessen speist sich die Entpflichtung aus waghalsigen Spekulationen (Covid-19 ist erfunden oder nicht gefährlich) und unbegründeten Verdächtigungen (Deutschlands Politiker streben einen *Deep State* beziehungsweise eine Diktatur an).

Es gibt also einen großen Unterschied, aus *welchem Motiv* und gegenüber *welcher Anforderung* man sich entpflichtet! Rebellische Potenzialentfaltung mag manchem einen flüchtigen und stets auf Erneuerung und Bestätigung lauernden Anflug von Bedeutsamkeit geben – ohne das geeignete Zielobjekt wird sie leicht albern. Zwar ist Ethik keine permanente Bildhauerarbeit am Charakter, wie Cicero in der Tradition der antiken Griechen dachte – man formt sich nicht selbst wie eine

Plastik. Aber sie ist noch heute wie damals aufs Engste verbunden mit der Kunst der Urteilsschulung. Ist das, was ich denke, nicht nur für mich tapfer, sondern auch weise und gerecht und nicht einfach nur selbstgerecht? Und ist das, wogegen ich mich auflehne, so gefährlich und bedrohlich für die *humanitas*, dass es rechtfertigt, die Tugend der Mäßigung über Bord zu werfen? »Wer über gewisse Dinge den Verstand nicht verliert, hat keinen zu verlieren«, heißt es in Gotthold Ephraim Lessings *Emilia Galotti*. Doch wer über alles den Verstand verliert, leider auch nicht mehr.

Der letzte Satz gilt nicht nur für die mediale Entrüstungsgesellschaft, in der wir heute leben. Er gilt ebenso für die große Empörung aus kleinem Anlass. Jeder moralische Maßstab ist durch Übereifer und Übertreibung bedroht, die ihn leicht angreifbar, mitunter sogar lächerlich macht. Das gilt sowohl für die »Querdenker« im Namen einer einseitig interpretierten Freiheit als auch für die Pflichtbesessenen, denen es nicht genug ist, ihre Pflicht zu tun, sondern deren übereifriges Pflichtgefühl es ihnen abnötigt, Pflichtvergessene harsch anzuschnauzen oder zu denunzieren. Unverhältnismäßiges Aggressionsverhalten ist nicht auf

Covid-19-Leugner oder -Verharmloser beschränkt, es findet sich ebenso auf der Seite von Konformisten, denen die Pflichterfüllung zum unbegrenzten und rüden Missionsauftrag wird. Das Gefühl, aus legitimer Aggression zu handeln, schmiedet beide Seiten viel enger zusammen, als es ihrem Selbstverständnis entspricht.

Es gibt viele Gründe, warum Maßhalten mit den eigenen Emotionen heute nicht mehr die gleiche Rolle spielt wie in der Antike und von dort bis tief ins 20. Jahrhundert hinein. Gefühle gelten heute als legitim und bestimmen alles, vom privaten Gespräch bis zur medialen Berichterstattung. Stets geht es darum, wie etwas gefühlt wird. Wir leben im Zeitalter der Gefühle, und genau das bestimmt auch den für das moralische Handeln so wichtigen Kontext. Dabei sind Bürger in modernen Demokratien von einer Reglungs- und Verordnungsvielfalt umzingelt wie nie zuvor Menschen in der Geschichte. Je weniger in Tundra, Taiga, Prärie, Savanne oder Pampa leben, sondern dicht gedrängt in Städten, umso mehr muss geregelt werden. Und je komplizierter das menschliche Sozialleben in funktional ausdifferenzierten Gesellschaften dabei wird, umso mehr Normen, Gebote und Anweisungen gibt es. Für einen erheblichen Teil davon sorgt die unaufhaltsame Ausbreitung der (halb) künstlichen Intelligenz der Bürokratie. Ein weiterer Teil verdankt sich der stets wachsenden Sorge um die Gesundheit und um die unserer Kinder. Blei, Blei, Blei waren alle unsere Farben in der Kindheit meiner Generation, Formaldehyd war in vielen Holzwerkstoffen, Bodenbelägen, Möbeln und Textilien. Sturzhelme beim Fahrradfahren waren unbekannt, Lebensmittelfarbstoffe wurden kaum kontrolliert, und Filzstifte enthielten berauschende Schnüffelstoffe. Heute ist vieles davon streng geregelt. Verbote, Gebote und elterliche Sorgen zäunen das ehemals wilde Terrain ein.

Die Melange aus Bevölkerungsdichte, immer höher technifizierter Umwelt, sozialem Konfliktpotenzial und Gesundheitsängsten birgt ein gegenüber früheren Zeiten erhöhtes unterschwelliges Stresspotenzial. Gleichzeitig ist, trotz unserer historisch einzigartigen privaten Gefühlskultur, das Quantum im Alltag zulässiger Aggressionen und »normaler« Gewalt in den letzten Jahrzehnten stetig gesunken. Die Wahrscheinlichkeit, auf deutschen Straßen angepöbelt oder geschlagen zu werden, ist heute deutlich niedriger als je zuvor. Da parallel dazu jedoch die Erwartung daran, dass solche Gewalt nicht passiert, ständig gestiegen ist, wird dies von vielen allerdings nicht so wahrgenommen. Hervorragendes Beispiel der hier genannten Paradoxie von wachsender innerer Aggression bei Abnahme der sichtbaren äußeren Gewalt ist der Straßenverkehr. Die enorm erhöhte Dichte des Verkehrs mit immer größeren Autos bei gleichzeitig stark verbesserter Sicherheitstechnik mit Knautschzonen, Airbags, besseren Bremsen und Sicherheitsgurten hat die Zahl der Verkehrstoten ebenso reduziert, wie sich die zähnefletschende Aggression hinter dem Steuer drastisch erhöht hat.

Die letzten Jahrzehnte haben somit die sichtbare Aggression in die Schutzräume versteckter Aggression vertrieben, in Autokarossen mit Privacy-Verglasung oder in die Anonymität sozialer Netzwerke. Strenge Sozialnormen bei unterschwelliger Gereiztheit sind ein Signum unserer Zeit. Und die Zahl derer, denen politische Fragen zum Ventil werden, um Druck abzulassen, ist beachtlich. Ob Migration oder Corona-Maßnahmen – am Ende kommt es auf den Anlass wahrscheinlich weit weniger an, als den Empörten selbst bewusst ist. Und ist die Covid-19-Pandemie einmal ausgestanden, findet sich gewiss schnell das nächste Ventil. Ein heißer Tipp: Maßnahmen und Auflagen gegen die drohende Klimakatastrophe …

Die seit der Antike sozial eingeforderte Tugend der Mäßigung kennt also eine Schattenseite: das versteckte Unmaß. Dabei fragt sich allerdings: Warum ist in letzter Zeit gerade der Staat zum Zielobjekt unmäßiger Wut geworden? Nicht dass sich nicht immer vieles fände, was man an der gegenwärtigen Politik, an einzelnen Politikern und Parteien kritisieren kann. Doch Hass auf den Staat und der maßlose Verdacht gegen alle Politiker, allesamt von niedrigen Instinkten getrieben zu sein und permanent zu lügen, sind dadurch nicht erklärt.

Liegt die Antwort in einem Paradox? Zwar ist unser Leben heute durch eine Vielzahl von Regelungen und Auflagen eingehegt, dafür aber nötigt der Staat seinen Bürgern im Normalfall weit weniger große Pflichten und Zumutungen ab als in allen früheren Zeiten. Man denke nur an die mörderische Pflicht, in ständigen Kriegen für das Vaterland zu sterben. Stattdessen bietet der Staat mir heute einen Rahmen, um für meine Gesundheit und das Alter vorzusorgen, und unterstützt mich dabei nach Kräften. Erhöhte Sorge und Vorsorge bei gleichzeitiger Reduktion von Pflichten verändert, wie jeder aus der Kindererziehung weiß, das Beziehungsgefüge. Die Leistungen des Staates werden selbstverständlich, die Anspruchshaltung des Bürgers auf freie Entfaltung höher und die Reizschwelle gegenüber empfundener Ungerechtigkeit niedriger. Tugenden werden heute – anders als bei Cicero – mehr und mehr als Privatsache empfunden, ähnlich wie Manieren, und nicht als Verhaltensweisen im Gefüge von Staat, Gesellschaft und Bürger. Der Staat nötigt mir eben nicht mehr ab, tapfer im Krieg zu sein – und auch nicht, mich ihm gegenüber gehorsam in meinen Ansprüchen zu mäßigen. Staatliche Amtsstuben, Polizisten und Lehrer umgeben keine strenge Autorität mehr, man muss sie nicht, wie in Preußen oder im »Dritten Reich«, fürchten.

Dass man den Staat nicht mehr fürchten muss, ist eine großartige Entwicklung. Doch die erweiterte Pflicht des Vorsorgestaats gegenüber seinen Bürgern bei abnehmender Pflicht der Bürger gegenüber dem Staat zeitigt bei einigen bedauerliche Folgen. Man beginnt, den Staat als Dienstleister zu sehen. Und sich selbst als Kunden oder Konsumenten, der stets eines will: für sich selbst das Beste. Tut der Staat nicht das, was ich von ihm erwarte, kündige ich meinen inneren Vertrag mit ihm und entpflichte mich vom Gemeinwohl. Dass der Staat einem überhaupt Pflichten auferlegt, wie etwa Steuern zu zahlen, wird manchem auf diese Weise geschichts- und gesellschaftsvergessen zum Skandal. Radikale Liberale, die sich gern »Freigeister« nennen, sollten sich gut überlegen, ob sie nicht nur ohne Steuern, sondern auch ohne Polizei, Feuerwehr, öffentliche Krankenhäuser, kostenlose Schulen und Universitäten, ohne als Grundversorgung gewährleisteten Wasser- und Stromanschluss usw. leben möchten. Länder wie der Jemen, Afghanistan, der Südsudan, Somalia oder die Zentralafrikanische Republik bieten sich hier als Paradiese für Auswanderer an.

Der radikale Liberalismus, der implizit zum Idealbild stilisiert wird, ist historisch ebenso gescheitert wie der radikale Staatskommunismus. Und die mit Abstand erfolgreichsten Gesellschaften kombinieren heute liberale mit sozialistischen Elementen: ökonomisch als soziale Marktwirtschaft und politisch in Gestalt des Fürsorge- und

Vorsorgestaats. Liberalismus ohne Sozialismus tötet die Freiheit der meisten; Sozialismus ohne Liberalismus auch. So ist der radikale Liberalismus heute vor allem eines: eine mehr oder weniger infantile Trotzreaktion vom Staat gut umsorgter Wutbürger und fadenscheinige Begründung dafür, sich willentlich vom Gemeinwohl zu entpflichten. Mit einem Wort: eine Luxushaltung der Argwöhnischen und Verwöhnten.

Die zentrale antike Frage aller Moral, die hier am Beispiel Ciceros veranschaulicht wurde, lautet: »Was für ein Mensch soll ich sein?« In den westlichen Gesellschaften des 21. Jahrhunderts tritt sie immer weiter in den Hintergrund. Wo der Rechtsstaat, ganz anders als in der Antike, das Wichtigste sehr genau regelt, bietet er seinen Bürgern zugleich die Chance, über ihre Tugend nicht mehr reflektieren zu müssen. Gesunde Ernährung, Fitness und Schönheit sind heute weitaus häufigere Reflexionsthemen. Verrechtlichung auf der Ebene des Staates und Entsittlichung im Privaten erscheinen so als zwei Seiten einer Medaille. Zwar ist das moderne Recht das Ergebnis vielfältiger moralischer Reflexionen und Entscheidungen, aber der ehemals moralische Impuls hinter der Funktion und der Autorität von Regeln im modernen Staat wird umso unsichtbarer, je länger sie existieren. Und je weniger sich der Einzelne um seine Tugenden kümmern muss, umso weniger springt ihm auch das feine moralische Gespinst des modernen Staates ins Auge, das sein freizügiges Leben garantiert. Moral, die in der erkalteten Form des Rechts jeden von uns schützt, erscheint dann zunehmend in der Horrormaske des »Moralisierens« und als schräge Passion von Gesinnungsfanatikern.

Dass der »Verlust der Tugend«, den einflussreiche Philosophen wie die angloamerikanischen Kommunitaristen als bedauerliche Nebenfolge der Aufklärung und des Rechtsstaats sehen, noch andere Ursachen als philosophisches Versagen haben könnte, werden wir im folgenden Kapitel sehen.[20] Richtig aber dürfte sein, dass dieser Verlust der Tugend, der erfreulicherweise nicht (oder noch nicht?) die Mehrheit der Bundesbürger erfasst hat, zu einer enormen Anspruchshaltung bei gleichzeitiger Fundamentalkritik am freiheitlich-demokratischen Staat führt. Hilflose Versuche, Tugend durch *Political Correctness* zu erzwingen, dürften diese Tendenz nur verstärken. Zum einen ist jedem in seiner Sprache politisch Unkorrekten klar, dass die Correctness im Ausdruck *das* moralische Erziehungsprogramm der Linken ist, seit sie den Glauben an einen Sozialismus auf Erden verloren hat. Wenn schon nicht eine bessere Welt, dann zumindest eine scheinbar bessere in der Sprache – der Widerstand aller dezidiert Nicht-Linken ist damit sicher. Denn wo lässt es sich leichter konservativ sein als im althergebrachten Sprachgebrauch? Zum anderen ist zu fragen, was eigentlich eine Sprachpolizei, so moralisch sie auch motiviert ist, gegen ein polizeilich gar nicht erfasstes und erfassbares Phänomen nützen soll? Tugend durch aggressions- und vorurteilsfreie oder feministisch bereinigte Sprache durchsetzen zu wollen ist etwa so sinnvoll, wie Radioaktivität mit dem Zollstock zu messen. Oder wie der Versuch, mit der Luftpumpe die Windrichtung zu ändern.

Maßgeblich für die Betrachtung moralischer Entscheidungen in der Covid-19-Krise ist nicht die saubere Sprache, sondern es sind *Haltungen* und *Einstellungen*. Und das Wissen darum, dass diese Haltungen und Einstellungen durch Situationen und den Kontext geschliffen werden, lenkt den Blick darauf, wie Menschen alltägliche, soziale, gesellschaftliche und politische Erfahrungen machen. Gibt ihnen ihr Sozialleben viel positive Resonanz, oder verschafft man sich diese Resonanz negativ durch Trotz und Ablehnung? Wie widerstandsfest ist man, wenn man negative Erfahrungen macht? Wie flexibel reagiert man in unsicheren Situationen oder gegenüber Veränderungen? Wie resilient ist man bei Stress und Unbekanntem? All diese Eigenschaften, die den Tugenden vorausgehen, schützen Menschen davor, Herausforderungen permanent durch Ablehnung begegnen zu müssen und sich am Ende sogar in Wahnwelten zu flüchten. Vermutlich ist die Frage, ob sich eine souveräne positive Haltung zum Leben und gegenüber seinen Mitmenschen festigt und ob sie von Empathie oder Argwohn bestimmt wird, mehr als alles andere eine Frage der Praxis. Je mehr wir mit Menschen zu tun haben, die ihre positiven Werte leben, umso besser ist es zumeist um unsere eigene positive Ausstattung bestellt. Je mehr Frustrierte sich zu Frustrierten gesellen, umso größer werden Aggressionen wie Neid, Wut und Hass.

Bezeichnenderweise arbeiten Covid-19-Leugner selten auf Intensivstationen. Und Menschen, die

die Regierung verdächtigen, ausschließlich Übles im Schilde zu führen, werden selten dabei gesichtet, älteren Nachbarn und Nachbarinnen in der Krise die Einkäufe zu erledigen. Der Blick für das Leiden und die Not der anderen, die Selbstwirksamkeitserfahrung, die Menschen machen, die helfen, immunisieren gemeinhin gegen allzu alberne Verdächtigungen. Das Sein bestimmt bekanntlich das Bewusstsein. Und mein Sein wird bestimmt durch das, was ich mit anderen Menschen gemeinsam berührend und verbindend erlebe – oder eben nicht. Unaufmerksamkeit und soziale Entfremdung dagegen begünstigen die Abkapselung und Einkapselung in eigene Universen, in denen die einzige Gemeinsamkeitserfahrung im Dagegen besteht. Tugenden und Selbstwirksamkeitserfahrungen hängen viel enger zusammen, als Cicero bewusst war. Doch wenn wir heute wissen, dass das Realisieren von Pflichten gegen uns selbst, gegen andere und gegen den Staat nicht nur eine Frage abstrakter Einsichten und situativer Klugheit ist, sondern vor allem eine gelebte Praxis, lassen sich dann solche Selbstwirksamkeitserfahrungen – das beste Mittel gegen resonanzerheischende Aggressionen – im modernen Staat irgendwie fördern? Und das auch noch unter der Voraussetzung, dass unser Wirtschaftssystem permanent dagegen arbeitet – durch die Züchtung des eigenen Egoismus?

5.

»*Der freiheitliche, säkularisierte Staat lebt von Voraussetzungen, die er selbst nicht garantieren kann.* Das ist das große Wagnis, das er, um der Freiheit willen, eingegangen ist. Als freiheitlicher Staat kann er einerseits nur bestehen, wenn sich die Freiheit, die er seinen Bürgern gewährt, von innen her, aus der moralischen Substanz des Einzelnen und der Homogenität der Gesellschaft, reguliert. Andererseits kann er diese inneren Regulierungskräfte nicht von sich aus, das heißt mit den Mitteln des Rechtszwanges und autoritativen Gebots, zu garantieren suchen, ohne seine Freiheitlichkeit aufzugeben und – auf säkularisierter Ebene – in jenen Totalitätsanspruch zurückzufallen, aus dem er in den konfessionellen Bürgerkriegen herausgeführt hat.«[21] In seinen wohl berühmtesten Sätzen bringt der Jurist, Rechtsphilosoph und spätere Verfassungsrichter Ernst-Wolfgang Böckenförde im Jahr 1967 zu Papier, was er später noch häufig wiederholen wird: Der liberal-demokratische Staat ist darauf angewiesen, dass sich seine Bürger anständig verhalten und seine Werte teilen – Werte, die er aber nicht, wie früher durch eine Staatsreligion oder andere autoritäre Wertevorgaben, erzwingen kann.

Der Gedanke ist nicht völlig neu. Schon der junge Karl Marx reflektiert 1843 in seiner Rezension »Zur Judenfrage« darüber, was den Staat zusammenhält, wenn die Religion in ihm zurücktritt. Zerfleddert die bürgerliche Gesellschaft, weil in ihrem Mittelpunkt, allen vermeintlichen Menschenrechten zum Trotz, nicht die Mitmenschlichkeit, sondern nur das Eigentum steht? Und wird schließlich der Sprung gelingen, dass »der wirkliche individuelle Mensch den abstrakten Staatsbürger in sich zurücknimmt« und sich ganz konkret verantwortlich fühlt, sodass er »die gesellschaftliche Kraft nicht mehr in der Gestalt der politischen Kraft von sich trennt«?[22] Moralisch verantwortlicher Mensch und engagierter Staatsbürger eines emanzipierten Staates in einem zu sein – ist dieser Traum realistisch oder nur kühne Fiktion?

Das Mindeste, was sich sagen lässt, ist, dass jeder Staat – auch der freiheitliche, säkularisierte – darauf angewiesen ist, dass seine Bürger im Rahmen ihrer staatsbürgerlichen Pflichten »funktionieren«. Sie müssen bereit sein, Steuern zu zahlen, die Gesetze und die Polizei zu achten sowie deren Anordnungen. Der Staatsbürger muss sich gewiss nicht mit allem identifizieren, wie in Marxens Vision, aber er muss das Gemeinwesen im Grundsatz respektieren. Es sei denn, der liberal-demokratische Staat bricht mit den eigenen Grundsätzen, setzt die Verfassung außer Kraft oder begeht Verbrechen gegen die Menschlichkeit. Doch das sind alles Dinge, die, wie gezeigt, bei den Gesundheitsmaßnahmen gegen die Covid-19-Pandemie definitiv nicht zutreffen. Nichts zu tun, um die Gesundheit seiner Bürger zu schützen, wäre mit dem modernen Selbstverständnis des Staates unvereinbar. Das rechtlich Mögliche zu tun dagegen nicht.

Als Staatsbürger zu »funktionieren« bedeutet also: im Rahmen der freiheitlich-demokratischen Grundordnung *anständig* miteinander umzugehen. Auch unser Staat lebt davon, dass nicht jeder seine Rechte nach Belieben interpretiert und seine Pflichten darüber vernachlässigt. Und Notwehrsituationen gegenüber dem Staat können nicht völlig willkürlich definiert und herbeigeredet werden, nur weil die eigene Unkenntnis gegenüber den Gesundheitspflichten des Staates einen dahin irreführt.

Notorische Nörgelei und maßlos überzogenes Rebellentum gegen die staatlichen Hygienemaßnahmen zum Schutz der Schwachen führen leicht zu dem Verdacht, dass es um die notwendige »moralische Substanz des Einzelnen«, von der Böckenförde spricht, heute nicht allzu gut bestellt ist. Und man sollte nicht übersehen, dass Deutschland sich nach wie vor in wirtschaftlich gesegneten Zeiten befindet, wenn auch, zugebenermaßen, nicht jeder Bürger. Doch wenn es in wirtschaftlichen Friedens- und Blütezeiten schon schwierig um die »moralische Substanz des Einzelnen« bestellt sein könnte, womit ist dann zu rechnen, wenn die Zeiten künftig deutlich schlechter werden sollten? Die Zukunftsprognosen für die deutsche Wirtschaft und ihre Schlüsselindustrien sind bekanntlich nicht die besten. Und die Umbruchzeit der Digitalisierung dürfte Opfer kosten, die weit größer sind als das, was die Bürger der DDR in der Umbruchzeit der deutschen Vereinigung erlebt haben.

Ob es mit der Moral in Deutschland alles in allem bergab oder vielleicht doch bergauf geht, ist eine heiß umstrittene Frage. Auf der einen Seite steht das Gefühl jeder Generation – und das seit vielen Generationen –, dass Pflichtgefühl, Treue, Gemeinsinn, Arbeitsmoral, Sitte und Anstand kontinuierlich nach unten gingen. Erstaunlich nur, dass es sie, so oft totgesagt, heute irgendwie immer noch gibt. Was seit über hundert Jahren zur Neige geht, müsste eigentlich irgendwann einmal erloschen sein. Kulturpessimismus scheint oft mehr mit dem Lebensalter und den persönlichen Zukunftserwartungen zu tun zu haben als mit dem Zeitalter und den gesellschaftlichen Zukunftserwartungen. Der »Verfall der Werte«, so es ihn gibt, wird möglicherweise meist in gleichem Maße vom Aufstieg anderer Werte flankiert. Mag sein, dass mancher heute die Arbeitsmoral der jüngeren Generation betrauert – ein Klassiker unter den Indizien des Werteverfalls. Die Verdächtigten selbst würden wohl sagen, dass Arbeit in der Wohlstandsgesellschaft einfach nicht mehr den Stellenwert hat, den sie in der Agrar- oder Industriegesellschaft hatte. Dafür ist ihnen ein neuer Wert, jener der Work-Life-Balance, wichtig geworden. Junge

Männer brauchen mehr Zeit, um sich als gute Väter ausgiebig um ihre Kinder zu kümmern – ein Wert, den es früher so gar nicht gab. Zumindest in einigen Bereichen findet also kein Werteverfall, sondern eine neue Wertekonkurrenz statt. Viele junge Menschen haben heute mehr Werte als die Generation ihrer Urgroßeltern – Werte, die allerdings leicht zueinander in Konkurrenz treten. Wer die Werte der gesunden Ernährung, der Fitness, der Schönheit, der guten Vater- oder Mutterschaft und der ausgiebigen Freundschaftspflege mit seinem Beruf vereinbaren will, hat es jedenfalls oft nicht leicht.

Man braucht keinen kollektiven Verfall der Werte anzunehmen oder eine Generation zu brandmarken, um bestimmte Fehlentwicklungen in der »moralischen Substanz« Einzelner auszumachen. Gesellschaften, die nicht durch Religion und straffe Autorität, sondern durch Gemeinsinn, soziales Verhalten, gemeinsame Interessen und gelebte Praktiken des Alltags zusammengehalten werden, reagieren äußerst sensibel auf kleine Veränderungen und Stimmungen. Bereits relativ geringe Verschiebungen oder Irritationen führen zu erstaunlich hohen Pendelausschlägen.

Verstärkend dürfte hinzukommen, dass neben der Religion auch die »Nation« immer schlechter in die globalisierte Ökonomie des 21. Jahrhunderts passt. Nationalismus blüht gemeinhin dort, wo es um das, was die Nation sein soll, schlecht bestellt ist. So wie religiöser Fundamentalismus meist ein ziemlich zuverlässiges Indiz dafür ist, dass die religiösen Fundamente erschüttert sind – ansonsten wäre beide -ismen nicht notwendig.

Dass die Angst vor dem Identitätsverlust *das* Problem auch der westlichen Industriegesellschaften ist, das wilde irrationale Populismen und Populisten hervorbringt, ist in den letzten Jahren häufig betont worden. Doch dass die »moralische Substanz« des Einzelnen vor allem durch kulturelle Globalisierungsprozesse, Gender-Debatten, Minderheitenrechte und Migrationskrisen aufgezehrt wird, ist wenig wahrscheinlich. Könnte es nicht sein, dass sich die Wut in diesen Debatten deshalb so heftig entzündet, weil sie sich zuvor bereits durch etwas anderes aufgebaut und aufgestaut hat? Die gemeinsame Geschichte und Kultur, die heute in vielen westlichen Ländern als gefährdet eingeschätzt und von Populisten beschworen wird, wurde den Industrienationen ja nicht durch

Transsexuelle, Migranten, Frauenrechte, Political Correctness oder Klimaschutzbemühungen genommen. Sie ist eng verbunden mit der Globalisierung der Wirtschaft, dem Siegeszug der Finanzindustrie und einem völlig unterschätzten Wandel der Leistungsgesellschaft, der heute Aufstiegschancen verringert, Besitzverhältnisse erstarren lässt und die ökonomischen Gewinner immer weiter von allen anderen entfernt. Die Ökonomie und die durch sie geprägte Gesellschaft feiern heute nicht mehr *Leistung*, sondern *Erfolg*. Kurzfristige Aufmerksamkeitsgewinne durch Gesangswettbewerbe, Model- oder Intrigenshows mit vermeintlichen Prominenten erscheinen mehr und mehr jungen Menschen verlockender als der immer unwahrscheinlichere langfristige Aufstieg durch zähe Arbeit. Es dürfte heute in Deutschland mehr Menschen geben, die in der erweiterten Drogenökonomie, in der Welt der Wettbüros oder durch andere mehr oder weniger unseriöse Geschäfte und Betrug zu Millionären werden als etwa durch die Gründung eines Start-ups.

Der Traum vom schnellen Geld und das Wissen um die verringerten sozialen Aufstiegschancen der meisten lassen den Glauben an identitätsstiftende

Erzählungen wie die »deutsche Tüchtigkeit« bröckeln. Und sie befördern en passant die Verführungskraft von Verschwörungserzählungen. Denn wo, wenn nicht am Lagerfeuer der heimlichen Sinnstifter, bietet sich die Chance für jeden, sich ganz ohne Anstrengung als auserwählt, clever und etwas Besonderes zu fühlen? Verschwörungserzählungen sind Früchte einer irritierten Leistungsgesellschaft. Ist man dabei, so ist man Teil einer Wissenselite. Und wo es darum geht, zu einer (Gegen-) Elite zu gehören, die die etablierten gesellschaftlichen Eliten als Heuchler enttarnt, kommt es auf Plausibilität nicht an. Hauptsache, das Elitegefühl ist da, ohne dass auch mancher vergrätzte Rentner und mancher Empfänger von Sozialleistungen heute nicht mehr auskommen will.

Leistungsgesellschaften zerbröckeln dadurch, dass die soziale Durchlässigkeit austrocknet, durch Vererben verkrustet und »Leistung« durch »Erfolg« ersetzt wird. Die zivilgesellschaftliche Verbundenheit wird so auf eine harte Probe gestellt. Dass öffentliche Orte, an denen man sich trifft und zufällig aufeinandertrifft, insbesondere in den Stadtzentren der Klein- und Mittelstädte durch Geschäftesterben bedroht sind und mehr und mehr Menschen sich stattdessen in den Echokammern virtueller Welten aufhalten, macht die Sache mit dem Gemeinsinn auch nicht besser. Argwohn gegen Mitmenschen speist sich zumeist aus einem Mangel an echter Resonanz, der die vermisste Anerkennung nicht besser ersetzt als Pornografie eine erfüllte Sexualität. Dünnhäutigkeit und Unduldsamkeit entspringen aus der gleichen Quelle, gepaart mit der zuvor beschriebenen Gereiztheit in einer zunehmend sozial normierten Lebenswelt.

Wenn sich die Gereizten und Empörten gegenüber dem Staat und dem Gemeinwohl entpflichten, so motiviert sie nicht nur der gefühlte Identitätsverlust. Tatsächlich gründet die Empörung wesentlich in ökonomischen Entwicklungen, von denen selbst die Erosion der Leistungsgesellschaft nur ein Aspekt ist. Das Grundproblem dürfte noch tiefer sitzen. Und es betrifft jenes komplizierte Gefilz einander widerstrebender Kräfte, die man liberal-kapitalistische Demokratien nennt. Kapitalismus in der Haustier-Variante der sozialen Marktwirtschaft und freiheitliche Demokratie erscheinen Menschen in Deutschland seit Gründung der Bundesrepublik so perfekt ineinanderzupassen, wie die Erfolgsgeschichte des Wirtschaftswunders und das ständige Wohlstandswachstum es eindrucksvoll zu belegen scheinen. Tatsächlich jedoch, und das wird derzeit immer deutlicher, müssen die einander widerstrebenden Kräfte von Wettbewerb und Gemeinwohl, Marktfreiheit und Chancengleichheit, Auslese und um Ausgleich bemühtem Staat von einem begnadeten Dirigenten oder Coach ständig im Gleichgewicht gehalten werden. Nur äußerst günstige Umstände im Verbund mit kluger Wachsamkeit bei sich ständig verschiebenden Kräften der Weltökonomie halten das anspruchsvolle Ensemble zusammen.

Auch Böckenförde erkannte, vier Jahrzehnte nach seinem berühmten Satz über den freiheitlichen, säkularisierten Staat, dass die Bedrohung unserer Demokratie möglicherweise weniger ein Problem fehlender religiöser Bindung ist, sondern mehr als alles andere die Fliehkraft unseres Wirtschaftssystems am Gebälk rüttelt. Sein Text *Woran der Kapitalismus krankt* aus dem Jahr 2007 geht schonungslos mit dem »inhumanen Charakter« kapitalistischer Ökonomie ins Gericht. Nicht nur der Staat, auch die freie und soziale Markwirtschaft lebt von Voraussetzungen, die sie selbst nicht garantieren kann. In diesem Sinne hatte schon Wilhelm Röpke, einer der Chefdenker der Freiburger Schule, den Markt als »Moralzehrer« bezeichnet. Die Idee, dass das Vorteilsstreben des Einzelnen und die kalte Rationalität von Marktprozessen logischerweise und unweigerlich zum Wohl aller oder zumindest der meisten führe, ist eine ideologische Verblendung. Ohne die Voraussetzung sozialer Werte und Tugenden und ohne Mindeststandards der Fairness und des Vertrauens bleiben die weit gestreuten Segnungen der Marktwirtschaft aus, und das System dreht hohl, wie deutlich ablesbar an der Finanzmarktkrise von 2007/2008.

Die Beobachtung, dass demokratischer Bürgersinn und kapitalistisch gezüchteter Eigensinn nicht schlichtweg ergänzende, sondern auch einander widerstreitende Kräfte sind, ist nicht neu. Sie steht bereits ganz zu Anfang der bürgerlichen Demokratie, nämlich in den Analysen von Alexis de Tocqueville. Der junge französische Adelige hatte 1831/1832 die USA bereist, die einzige funktionierende Demokratie der damaligen Zeit. Mit feinstem Gespür für die *mœurs* – die Befindlichkeiten, Mentalitäten und die Gedankenwelt der

Bürger – sezierte er die Vereinigten Staaten mit hellsichtiger, mitunter nahezu hellseherischer Präzision.[23] Auf der Sonnenseite sieht Tocqueville, dass die Menschen in den USA eigenverantwortlicher handeln als in den Aristokratien Europas, dass sie demokratische Institutionen geschaffen haben und sich selbst organisieren. An die Stelle willkürlicher Macht tritt das Recht, und die gesetzliche Gleichheit fördert neue und andere Formen des gesellschaftlichen Austauschs.

Doch das Ganze hat auch eine Schattenseite. Was passiert eigentlich, fragt sich Tocqueville in den 1830er-Jahren, wenn in der Demokratie das Geld zum höchsten erstrebenswerten Gut und Selbstzweck wird und wenn es damit an die Stelle von Stand und Ehre tritt, die Aristokratien über alles andere stellen? Nun, die Antwort liegt auf der Hand: »Die Menschen, die in demokratischen Zeiten leben, haben viele Leidenschaften; aber die meisten ihrer Leidenschaften münden in der Liebe zum Reichtum, oder sie entspringen ihr. Das rührt nicht daher, dass sie kleinmütiger sind, sondern dass das Geld tatsächlich wichtiger ist.«[24] Die ständige Fokussierung auf das Geld prägt die US-amerikanische Gesellschaft wie nichts anderes und ist, wie Tocqueville früh erkennt, das Stigma aller künftigen Demokratien. Materielle Gier wird zur gesellschaftlichen Passion. Die Heftigkeit ihrer Konsumwünsche »beunruhigt das Gemüt« der Menschen und bringt zugleich »Ordnung ins Dasein«.[25]

Geld als oberster Wert und Wertmaßstab demokratisiert, denn vor dem Geld werden alle althergebrachten Unterschiede zwischen den Menschen zweitrangig. Geld strukturiert zugleich das Leben, denn es ordnet alles nach dem Kriterium von »viel« (gut) und »wenig« (schlecht). Aber Geld führt, und dieses Dilemma erkennt Tocqueville schon an der Wiege der bürgerlichen Demokratie, dazu, dass Menschen sich auf das Materielle konzentrieren und sich weniger um das Gemeinwohl sorgen. Je mehr der Wohlstand steigt, umso unpolitischer werden die Menschen. Und je mehr die Gier nach Konsum das Leben bestimmt, umso blasser wird das politische Bewusstsein der Bürger. Doch genau darauf ist der liberal-demokratische Staat angewiesen. Ein Land, in dem der Individualismus nur noch in der Form des Egoismus auftritt, wird brüchig und instabil. Neben dem »Tocqueville-Effekt« – der erklärt, dass Regime erst dann zerbrechen, wenn der Glaube an sich selbst bereits geschwunden ist – und dem »Tocqueville-Paradox« – das besagt, dass der moralische Maßstab umso strenger wird, je moralisch fortschrittlicher die Gesellschaft ist –, könnte man deshalb noch einen dritten Mechanismus benennen: das *»Tocqueville-Dilemma«*! Es besteht darin, dass Gesellschaften umso maroder werden, je mehr sich ihre Bürger nur noch mit dem eigenen ökonomischen Vorteil beschäftigen. Was die föderale Struktur an Freiheitlichkeit schenkt, fressen die schnöde materielle Gier und das politische Desinteresse wieder auf. Aus Staatsbürgern werden Konsumenten. Und statt Gemeinsinn regiert der Eigennutz. Doch wenn sich die Bürger millionenfach von ihrem Gemeinsinn verabschieden, regieren am Ende gar nicht sie das Land, sondern die Wirtschaft und eine despotische Verwaltung.

Kapitalismus kennt aus seiner Funktionslogik heraus nur zwei Ziele: den Profit zu mehren sowie Besitz und Eigentum zu schützen. Deshalb setzen sich seine Sachwalter dafür ein, freie und möglichst unbegrenzte Märkte zu schaffen, die auf kulturelle Eigenheiten, Religionen, Ländergrenzen, Nationen und Traditionen keine Rücksicht nehmen. Gesichert muss nur sein, dass das Eigentum geschützt wird, wobei sehr vieles zu Eigentum werden kann, von Rohstoffen und Ressourcen über Geld bis hin zu geschützten Ideen. In dieser Logik ist Umsatz und Gewinn zu steigern grundsätzlich gut, und das inwendige Gesetz zwingt zu einem Schneller, Höher, Weiter und Mehr. Die dazugehörige Mentalität ist der Egoismus, der jeden Marktteilnehmer gegenüber anderen abgrenzt, ihn stärkt und das Wachstum antreibt.

Ökonomisch ist das in sich schlüssig. Allerdings besteht die Welt real existierender Menschen nicht nur aus einer solchen Logik, sondern aus einer Psychologik mit völlig anderen Bedürfnissen: nach Anerkennung und Liebe, zum Beispiel, die nicht eins zu eins mit Geld aufzuwiegen sind. Nach Freundschaft, nach einem harmonischen Sozialleben, nach einer Gesellschaft, in der man gerne leben möchte, nach einem Staatswesen, das den Einzelnen als Individuum wertschätzt und nicht schlichtweg als Humankapital. All das sind ebenjene Voraussetzungen, ohne die kein liberal-demokratischer Staat dauerhaft intakt funktionieren kann und kaum ein menschliches Leben gelingt.

Tragischerweise hat das kapitalistische Denken, spätestens nach dem Ende der Systemkonkurrenz mit dem Staatskommunismus, seine Herrschaftssphäre beständig erweitert – und zwar nicht nur territorial, sondern viel mehr noch individuell. Es ist immer tiefer in unser Zusammenleben vorgedrungen, und es hat durch Deregulierung und neue Formen von Aufmerksamkeitsökonomie unsere Seelen regelrecht kannibalisiert. Menschen machen sich in sozialen Medien wie Instagram oder TikTok zur Ware und werden durch ihre Spuren im Netz zu nahezu unbeschränkten Objekten nicht nur der Selbstvermarktung, sondern auch der Ausbeutung. Dieser neue Kapitalismus ist nicht offen brutal und menschenverachtend wie der Manchesterkapitalismus des 19. Jahrhunderts. Aber er ist mindestens ebenso konsequent, wenn es darum geht, unbegrenzten Zugriff auf Menschen (diesmal in Form von Daten) zu gewinnen und sie kommerziell zu nutzen.

Der ungezügelte Kapitalismus, durch keine Systemkonkurrenz gebremst, hat nicht nur Markennamen auf unsere Wäsche gestanzt: Bis in die feine Unterwäsche unseres Bewusstseins hat er unsere Staatsbürgerschaft gelöscht und uns zu

Konsumenten gemacht. Wir verschwenden immer mehr Lebenszeit damit, über Preise nachzudenken und Tarife zu vergleichen, um auf Kosten anderer zu profitieren. Mit dem Aufkommen des Internets haben sich die Preise radikal verändert. Im sekundenschnellen Spiel von Angebot und Begehren wandeln sie sich, und jeder halbwegs aufgeklärte Bürger versteht, dass er als User hierbei verarscht wird. Menschen, deren Leben es zulässt und mitunter wohl auch erfüllt, sich unausgesetzt mit Preisen zu beschäftigen, ergattern dabei Vorteile zuungunsten derer, die es nicht können oder nicht tun. Nicht nur Privatunternehmen, wie die meisten Fluggesellschaften, selbst Unternehmen in staatlicher Hand wie die Bahn schrecken nicht davor zurück, Preise und Tarife auf diese Weise zu manipulieren; zum Nachteil all derjenigen, die nicht wissen, wie man an verbilligte Tickets herankommt, zum Beispiel sehr alte Menschen oder Menschen ohne Zeit und Muße, sich darum zu kümmern. Früher zahlte in jeder Bahnklasse jeder den gleichen Grundpreis (Kinder, Behinderte und Senioren ausgenommen), heute sind Bahnfahrer preislich gesehen eine Unsolidar-Gemeinschaft. Die am günstigsten reisen, tun dies zu Lasten der anderen und sind häufig genug sogar stolz darauf. So züchtet die flexible Preispolitik nicht nur Schnäppchenjäger heran, sondern zwingt eigentlich jeden dazu, nach Vorteilen zu gieren, um nicht zu den Benachteiligten zu gehören.

Vertrauensbildend ist das nicht. Älteren Bürgern, die noch aus einer Zeit kommen, wo nicht List und Schläue prämiert wurden, sondern die Treue zum Unternehmen, verstehen die Welt nicht mehr. Ganoventugenden werden belohnt, Konstanz und Treue bestraft. Die unbegrenzte Flexibilisierung der Preise und Tarife hat die Büchse der Pandora geöffnet und Neid, Missgunst, Skepsis und Argwohn tief in unsere Wirtschaft eingepflanzt. Vorzüge beim Preis sind nicht durch Leistung begründet, sondern durch mehr Finesse, mit der Folge eines permanenten Misstrauens und gemutmaßten Ungerechtigkeitsgefühls.

Das Ende der Verlässlichkeit, angefangen bei den Preisen und Tarifen, von da aus nahezu im gesamten Wirtschaftsleben und schließlich im Leben überhaupt, ist gewiss der ungeeignetste Stützpfeiler für eine demokratische Gesellschaft. Doch die Konditionierung, vor allem an sich selbst zu denken und andere dabei zu ignorieren, ist längst im Gange. Wer tagtäglich indoktriniert wird, sich Vorteile gegenüber anderen zu verschaffen, genießt eine staatsbürgerliche Erziehung von zweifelhaftem Zuschnitt. Ein Milliardenaufwand an Werbegeldern bombardiert die wackeligen Behausungen unserer Werte: die Moral der Kindheit, ein kleiner, meist winziger Rest Religion und ein bisschen Demokratieverständnis aus der Schulzeit. Ein ungleicher Kampf. Niemand fragt heute mehr, ob sein »Premium«-Tarif gegenüber anderen fair ist und auf welcher verdienstvollen Leistung die Bevorzugung basiert.

Preise selbst zur Ware zu machen ist weit mehr als nur ein Anschlag auf die Leistungsgesellschaft. Es ist eine tägliche Prägung und evidente Lebenswirklichkeit, gegen die Moralphilosophen nur hilflos anschreiben können. Die *Vorteilsgesellschaft* statt der Leistungsgesellschaft verhöhnt zentrale Werte des Bürgertums, wie Treue, Fairness und Verlässlichkeit. Und da Menschen, wie uns die Wirtschaftspsychologie eindrucksvoll beweist, lieber die Bösen als die Dummen sind, spielen nahezu alle mit, wie angetan oder zähneknirschend auch immer.[26] Unsere Seelen befinden sich dabei meistens im Zustand zumindest latenter Gereiztheit, übersättigt und angestachelt zugleich. Und genau das ist das Telos unserer Ökonomie: Nicht der zufriedene Konsument ist ihr Ziel, sondern der immer wieder neu unzufriedene. Kein Wunder, dass so viele Menschen ebenso übersättigt und gereizt auf die Politik reagieren. Förderlich für das staatsbürgerliche Bewusstsein ist das nicht. Hyperkonsumgesellschaft und Demokratie sind keine natürlichen Verbündeten, sondern, wie es scheint, möglicherweise nur Partner auf Zeit.

Entpflichtung als Staatsbürger und unsolidarisches Verhalten wurzeln tiefer als nur in der Individualpsychologie entsprechend disponierter Charaktere. Sie sind auch nicht allein mit der im vorangegangenen Kapitel beschriebenen Gereiztheit zu erklären, die den einen oder anderen gegen Einhegungen der Bürokratie, dem Druck, Aggressionen in der Öffentlichkeit zu unterdrücken, oder gar dem spröden Zwang der Political Correctness befällt. Ihre tiefste Grundierung erhält die Entpflichtung durch eine Ökonomie, die zur Entpflichtung gegenüber anderen geradezu verpflichtet, um nicht der oder die Dumme zu sein. Die Foren und Filmchen der sozialen Netzwerke, in denen die Entpflichtung bei Covid-19 im

Namen von Freiheit und Widerstand propagiert wird, werden hier sichtlich überschätzt – die Veränderung unserer Ökonomie als treibender Faktor einer allgemeinen Entpflichtungshaltung stark unterschätzt. Die Feuerstellen vermeintlicher Rebellen in ihrem heldenhaften Kampf gegen den bösen Mainstream – also der um das Leben der anderen Besorgten – sind zwar Symptome, nicht aber die Ursachen der Unsolidarität.

Das Tocqueville-Dilemma, dass kapitalistischer Eigensinn, wenn er maßlos gefördert wird, und solidarischer Bürgersinn, wenn er vernachlässigt wird, auseinandertreiben, dürfte die Entpflichtung jedenfalls besser erklären als viele andere gängige Muster. Das gilt auch für die klassisch linke Argumentation, dass sich in den Gesellschaften des Westens vor allem die sozial Schwachen entpflichten, da sie heute ökonomisch immer stärker abgehängt sind: Wer sich nicht dazugehörig fühlt, fühlt sich auch schnell nicht mehr zuständig. Doch so richtig es ist, dass die soziale Durchlässigkeit vieler westlicher Gesellschaften schwindet und eine Schicht dauerhaft abgehängter Menschen hervorbringt, so fehlt doch zugleich jedes Indiz dafür, dass es vor allem die sozial Abgehängten sind, die sich in der Covid-19-Pandemie entsolidarisieren und entpflichten.

Corona-Rebellion mag mehrheitlich eine männliche Passion sein, aber sie ist kein Phänomen, das sich auf bestimmte Einkommensgruppen beschränkt. Stattdessen findet sie sich in allen sozialen Schichten. Wenn Menschen im Alltag hundertmal häufiger als Konsumenten angesprochen werden denn als Staatsbürger, wenn das Verschaffen von Vorteilen unausgesetzt belohnt, die Rücksicht auf andere indirekt bestraft wird, muss man sich über einen gewissen Entpflichtungs-Bias nicht wundern. Staunen lässt es sich eher darüber, dass weiterhin so viele Menschen in Deutschland gleichwohl Werte wie Anstand und Rücksicht praktizieren. So viele, dass der Regelverstoß gegen soziale Umgangsformen nicht die Regel ist, sondern als Verstoß auffällt. Die Frage ist nur, wie lange dies noch so bleibt. Denn die Entpflichtung folgt einer Dynamik. Hält sich die Mehrheit nicht mehr an die für das Funktionieren des demokratischen Staates unabdingbaren Regeln, so wird es auch die verbliebene Minderheit nicht mehr tun. Die Erwartungen an andere steigen, die moralischen Erwartungen an sich selbst nehmen ab, getreu der wirtschaftspsychologischen Maxime, dass Menschen lieber ihre eigene Moral über Bord werfen, als übervorteilt zu werden.

Ist das Tocqueville-Dilemma ein Stigma, von dem sich marktwirtschaftlich organisierte Gesellschaften nicht befreien können? Müssen wir damit leben, dass Misstrauen und Argwohn zur allgemeinen Lebenshaltung im Turbokapitalismus werden und der Bürger- und Gemeinsinn schwindet? Oder lässt sich etwas dagegen tun, damit unsere Gesellschaft die Tendenz zur Entpflichtung nicht hinnehmen muss wie den Regen?

6.

Das schließliche Schicksal der Marktwirtschaft mit ihrem bewunderungswürdigen Mechanismus von Angebot und Nachfrage entscheidet sich – jenseits von Angebot und Nachfrage.«[27] Nur wenn das marktwirtschaftliche »Individualprinzip« des persönlichen Vorteilsstrebens durch ein durchdachtes »Sozial- und Humanitätsprinzip« ausgeglichen wird, können freiheitliche Staaten gelingen. Wilhelm Röpke wusste, wie zuvor Tocqueville und später Böckenförde, dass liberal-demokratische Gesellschaften auf Tugenden wie Selbstdisziplin, Gerechtigkeitssinn, Fairness, Maßhalten und Gemeinsinn angewiesen sind. Aber auch ihm, der in der Zeit der Systemkonkurrenz mit dem Staatskommunismus dem moralisierenden Staat ebenso misstraute wie dem ungezügelten Kapitalismus, fiel nicht wirklich etwas ein, was sich der sozialen Fliehkraft kapitalistischer Wirtschaft entgegenstellen ließ.

Die Lage ist in der Tat kompliziert. Ohne Zweifel hat die auf viele Faktoren zurückgehende beeindruckende Wohlstandsmehrung in marktwirtschaftlich organisierten Wirtschaftssystemen wie Deutschland die Gesellschaft befriedet. Der Vergleich mit ökonomisch weniger erfolgreichen Staaten lässt kaum einen anderen Schluss zu. Wohlstand wiederum ist gewiss nicht die schlechteste Voraussetzung, um neben akzeptierten staatlichen Institutionen auch eine gut funktionierende Zivilgesellschaft zu etablieren – die Deutschland im Vergleich zu vielen anderen Ländern auch tatsächlich hat. Doch eine funktionierende Zivilgesellschaft ist eine höchst sensible Angelegenheit, und bereits vergleichsweise geringe Erschütterungen sorgen für erhebliche Irritationen. Wenn, wie in der Covid-19-Pandemie, alltägliche Beziehungen gestört sind und gewohnte Resonanzerfahrungen ausbleiben, verstärken sich Haltungen und Abwehrreaktionen. *Social distancing* ist kein rein räumliches Phänomen, sondern ein individual- und sozialpsychologisches. Wer Distanz hält, betrachtet eben auch vieles aus der Distanz. Eine solche Distanz kann Sorge und Fürsorge sein, andere nicht zu infizieren. Sie kann aber zudem einen vorhandenen Mangel an Empathie begünstigen. Die Einsicht, wie sehr unser Leben – und im schlimmsten Fall unser Sterben – mit dem Verhalten und Schicksal der anderen Menschen verwoben ist, ist für jeden eine Zumutung, der sich in seinem Selbstbild in radikal-liberaler Position als unabhängig und ungebunden überschätzt. Verstörend muss er erfahren, dass ihm Egoismus, Rücksichtslosigkeit und Finesse in der Krise nicht weiterhelfen, sondern dass es nun auf Qualitäten ankommt, die er möglicherweise nicht hat: Empfindsamkeit für andere und die Bereitschaft zurückzustecken.

Die Covid-19-Pandemie nötigt also dazu, Röpkes »Individualprinzip« zeitweilig ein Stück zugunsten des »Sozial- und Humanitätsprinzips« zurückzustellen. Eine Verhaltensänderung, die von manchem damit Überforderten bereits als völlig unzumutbar empfunden wird. Die Prägungen der Vorteilsgesellschaft sitzen hier erschreckend tief. Und es stellt sich erneut die Frage, an der Röpke scheiterte: Woher soll der Wind kommen, der das Abdriften des Schiffs dauerhaft verhindert?

Ökonomische Korrekturen am Turbokapitalismus, an der ultraflexiblen, »verarschenden« Preisgestaltung oder am Eindringen kapitalistischen Denkens in jeden psychischen Intimbereich, so wünschenswert sie sein mögen, erscheinen kaum als realistisch. Die Aufgabe, so sie denn überhaupt angenommen würde, ist gewiss allen Politikern in Deutschland mehr als eine Nummer zu groß. Wer stellt sich schon mutig in einen globalen Wirbelsturm? In solcher Lage bleibt gegenwärtig nur, dort entgegenzusteuern, wo sich die ökonomische (Fehl-)Prägung am stärksten manifestiert: am Mangel an Pflichtgefühl und an der Respektlosigkeit gegenüber dem Vorsorge- und Fürsorgestaat.

Um die innere Haltung, den Bürger- und Gemeinsinn zu stärken, habe ich vor einigen Jahren das erste Mal einen Doppelvorschlag gemacht. Irritiert darüber, dass 2011 die Wehrpflicht in Deutschland ausgesetzt wurde, ohne dabei an eine sinnvolle Alternative zu denken, habe ich angeregt, anstelle der ausgesetzten Wehrpflicht zwei soziale Pflichtjahre für alle Bürger einzuführen: ein soziales Jahr für alle jungen Menschen nach dem Schulabgang. Und ein zweites soziales Pflichtjahr für alle Menschen im Renteneintrittsalter. Aufgrund der mitunter geringeren Belastbarkeit dieses Personenkreises reduziert sich der Pflichtbeitrag hier allerdings auf *fünfzehn Stunden in der Woche*. Das entspricht drei halben Tagen.

Diese Vorschläge sind genau das, als was sie hier genannt werden: Vorschläge! In unserer sprachlich oft bis zur Blödigkeit sensationierten Medienwelt ist in diesem Zusammenhang fast jedes Mal von »Forderung« die Rede. Was auch immer an Ideen und Anregungen in meinem Kopf entstehen, stets muss ich gleich darauf lesen, ich hätte etwas »gefordert«. Weder haben Philosophen in Deutschland ausreichend Bedeutung, gesellschaftliche Veränderungen zu fordern, noch habe ich die Absicht, dies zu tun.

Der Sinn beider Pflichtjahre besteht in der Erfahrung von Selbstwirksamkeit. Die Frage, was ein erfülltes Leben ist oder sein könnte, erlaubt viele unterschiedliche Antworten. Meistenteils wird sie mit der Vorstellung einer *vita activa* verbunden, einem tätigen und sozial erfüllten Leben. Einsamkeit, Tatenlosigkeit und Lethargie, ja selbst unausgesetzte Zerstreuung und permanente Lusterfüllung werden gemeinhin nicht als Erfüllung angesehen. Nur was mit sozialen Anstrengungen, Mühe und Verantwortung einhergeht, wird als

Lebensleistung goutiert und als Sinnstiftung reflektiert und genossen.

Ganze Wissenschaftsdisziplinen, wie etwa die »Glücksökonomie«, kreisen um diese Einsichten. Dass die menschliche Gefühlsdynamik allerdings oft anderen Gesetzen gehorcht, dem Hang zur Faulheit und dem Drang nach schnellen Lustgewinnen physischer oder psychischer Art, ist ebenso bekannt. Pflichten werden nur selten genossen oder mit Lust angestrebt – es sei denn, sie sind mit Macht und Einfluss verbunden. Und stolz darauf, ihre Pflicht getan zu haben, sind oft diejenigen, die diese Pflichten unter dem Zwang von Erziehung, Religion und Berufsleben erfüllt haben, ohne sie doch jemals gewünscht oder angestrebt zu haben.

All dies gilt auch für die Generation derjenigen Menschen, die heute in der Bundesrepublik im durchschnittlichen Alter von dreiundsechzig Jahren in den sogenannten Ruhestand tritt, als Rentner oder Pensionäre. Ihre durchschnittliche Lebenserwartung dürfte bei achtzig bis fünfundachtzig Jahren liegen, Tendenz stark steigend. Der »Ruhestand« dauert also in Zukunft für viele mehr als zwanzig, mitunter sogar dreißig Jahre. Gegenüber der Generation ihrer Eltern oder Großeltern eine gewaltig lange Zeit. Mithin ein Drittel ihrer Lebenszeit könnte heutigen Rentnern mit Glück noch vor ihnen liegen. Aus der Sicht eines Arbeiters oder Angestellten von vor hundert Jahren ein geradezu paradiesischer Zustand. Auch der körperliche Verschleiß eines Rentners im Jahr 2021 ist im Durchschnitt unvergleichbar geringer als vor hundert Jahren. Die medizinische Versorgung, die gesündere Ernährung und vor allem der Wandel einer Industrie- in eine Dienstleistungsgesellschaft haben dies ermöglicht. Noch nie in der Geschichte hat es so viele gesunde, vitale und belastbare Rentner und Pensionäre gegeben wie heute in der westlichen Welt.

Viele dieser sogenannten Senioren kümmern sich in dieser Zeit unter anderem um ihre Kinder und Enkelkinder; einige sind sozial engagiert und/oder in einem Ehrenamt tätig. Doch die Zahl derjenigen, die sich in die Gesellschaft einbringen und um das Allgemeinwohl verdient machen, ist gleichwohl eine Minderheit. Der größere Teil engagiert sich jenseits des Privatlebens für nichts. Auf der anderen Seite wächst die Zahl der älteren Menschen, die sich einsam fühlen und die darunter leiden, nicht mehr gebraucht zu werden. Auch die Umstellung vom Berufsleben in den (zuvor oft ersehnten) Ruhestand fällt vielen schwer.

Wer dagegen in eine andere Lebenswelt hineinriecht und einen sozialen Beitrag über den eigenen Tellerrand hinaus leistet, erlebt das bestätigende Gefühl der Nützlichkeit. Er lernt Neues kennen und bringt sich selbst in diesen neuen Kontext ein. Auf diese Weise kann es über den eigenen »normalen« Wirkungskreis hinaus zu vielen sinnstiftenden Erfahrungen kommen. Wie viele Zivildienstleistende, die ihren Beitrag nie freiwillig geleistet hätten, meinen im Nachhinein, eine sinnvolle Zeit verbracht und wertvolle Erfahrungen gesammelt zu haben! Desgleichen dürfte für Rentner und Pensionäre gelten, die die wertvolle Erfahrung machen können, ihr Wissen weiterzugeben und gebraucht zu werden, obwohl sie dies freiwillig oft nicht tun würden. Meist ist es nicht einmal die Bequemlichkeit, sondern viele kommen gar nicht auf die Idee, da sie in einem Umfeld leben, in dem andere dies auch nicht tun. Nicht zuletzt deshalb wüssten sie gar nicht, für was sie sich entscheiden sollen und wie so etwas anzustellen sei.

Dass die Pflicht, seinem Land zu dienen, positive soziale Auswirkungen hat, ist zum Beispiel in der Schweiz seit jeher ein wichtiges Argument für den Militärdienst. Vor der Pflicht sind alle gleich, und gemeinsam gedient zu haben stärke das Miteinander und die Verbundenheit mit dem Land. Dass es dafür allerdings keiner Wehrpflicht bedarf, sondern dass dem vielleicht noch viel besser durch eine »Allgemeine Dienstpflicht« Genüge getan werden kann, war das Argument der eidgenössischen Volksinitiative »Ja zur Aufhebung der Wehrpflicht«, die 2013 bei einer Volksabstimmung abgelehnt wurde. Bezeichnenderweise argumentierte die Initiative in weitaus konsequenterer Weise mit dem sozialen Nutzen als die Verteidiger der Wehrpflicht. Etwa 18 Prozent aller wehrpflichtigen Schweizer ließen sich ausmustern, und nur 30 Prozent leisten ihren Wehrdienst bis zum Ende. Außerdem böte die Allgemeine Dienstpflicht – oder »Gesellschaftspflicht« – die Chance, dass sich sowohl Männer als auch Frauen gleichberechtigt für die Gesellschaft einsetzen könnten.

Um zu verstehen, was eine Gesellschaftspflicht mit zwei Pflichtjahren in Deutschland bedeuten könnte, lohnt sich ein Blick auf die Zahlen. Etwa

800 000 junge Menschen, von denen nur wenige aus gesundheitlichen Gründen freigestellt würden, verlassen jedes Jahr die Schule.[28] Gymnasiasten, die im Regelfall mindestens achtzehn Jahre alt sind, könnten ihren Dienst sofort antreten, die anderen nach der Ausbildung oder Lehre. Die Zustimmung in der deutschen Bevölkerung für ein solches soziales Pflichtjahr, das von der CDU auch immer mal wieder ins Spiel gebracht wurde, ist bekanntermaßen hoch. Den Kosten des Staates, die die Fachzeitschrift für Freiwilligendienste, *Voluntaris*, für das Jahr 2020 auf 13,4 Milliarden Euro schätzt,[29] stünde ein sozialer Zugewinn von unschätzbarem Wert auf beiden Seiten gegenüber: den Helfenden und denen, denen geholfen wird, ob in der Altenpflege oder im Krankenhaus, beim Naturschutz oder den Sozialdiensten.

Neuland ist dagegen die Idee des zweiten Pflichtjahrs. Die Zahl derjenigen, die 2021 in Rente gehen werden oder ihre Pension beziehen, ist noch etwas größer als jene der Schulabgänger. Rechnet man aus dieser Zahl einmal diejenigen Menschen heraus, denen ein Pflichtjahr aus gesundheitlichen oder psychischen Gründen nicht zugemutet werden sollte, so kommt man auf eine Zahl von noch immer mehr als eine halbe Million. Was könnte man mit dieser Energie und diesem versammelten Lebenswissen für die Gesellschaft leisten?

Dazu ein Fallbeispiel unter vielen möglichen: In Deutschland verlassen jedes Jahr etwa 50 000 Schüler die Schule ohne irgendeinen Abschluss. Würde man diese Schüler zu einem frühen Zeitpunkt, im Grundschulalter, intensiv fördern, betreuen und coachen, wäre in vielen Fällen ein späterer Schulabschluss möglich – und die Hartz-IV-Karriere wäre aufzuhalten. Gebraucht dafür würden Zehntausende Coaches oder Nachhilfelehrer in Grundschulen mit der Bereitschaft zum persönlichen Engagement. Kommunen und Bundesländer weisen stets darauf hin, eine solche Menge an hauptberuflichen Coaches nicht finanzieren zu können. Würde man nur jeden dreißigsten (!) der jungen und älteren Menschen im Gesellschaftsjahr nach entsprechendem Training als Coach in die Schule schicken, damit er benachteiligten Kindern und Jugendlichen mit Rat und Tat unter die Arme greift, so wären dies bereits ausreichend viele Coaches! Der Erfolg wäre vermutlich gigantisch. Eine solche Arbeit gibt Schülern eine Chance und Helfenden eine Bestätigung. Und sie entlastet überdies gewaltig die Sozialkassen.

Dieser Vorschlag ist nur einer von vielen möglichen. Ungezählte andere Tätigkeiten (nach Beratung und bei freier Auswahl) sind vorstellbar. Soziale Pflichtjahre dienen dem sozialen Frieden, der Toleranz, der Sinnstiftung, der Entlastung bei Sozialausgaben und dem Verständnis der Generationen füreinander. Mit anderen Worten: Sie wären ein wichtiger Schritt auf dem Weg zu einer neuen Bürgerkultur, einem neuen Gesellschaftsvertrag!

Doch statt über den beeindruckenden Nutzen dieses Vorschlags zu reden, überwogen 2011, als ich den Vorschlag das erste Mal unterbreitete, die Bedenken bis hin zur lautstarken Ablehnung. Um den Ernst des Vorschlags hier noch einmal in aller Deutlichkeit zu zeigen, möchte ich einmal alle mir bekannten Einwände wie Missverständnisse aufführen und nach Möglichkeit entkräften.

Ein eklatantes Missverständnis ist der Vorwurf einer sogenannten Zwangsarbeit für hinfällige Greise. In der Talkshow *Anne Will* wurden Bilder von Greisen im Rollstuhl gezeigt, die nun von mir angeblich zur »Zwangsarbeit« verdonnert werden sollten. Achtzigjährige und noch Ältere am Flughafen auf dem Weg nach Mallorca wurden gefragt, was sie von der Idee hielten, sie zwangszuverpflichten. Natürlich ging der Beitrag samt dem darin enthaltenen Vorwurf völlig am Thema vorbei. Weder geht es bei dem Vorschlag um Greise noch um die Verpflichtung von Menschen mit körperlichen Gebrechen!

Ein zweiter Einwand benennt etwaige finanzielle Engpässe und Schwierigkeiten für Senioren während ihres Gesellschaftsjahrs. Wer es bei zu geringer Rente ableiste, der bringe sich um die Möglichkeit eines dringend benötigten Zuverdiensts, etwa durch Toilettenputzen oder Taxifahren. Allerdings dürfte es kein Geheimnis sein, dass ich seit Langem die Idee einer Mindestgrundrente von mindestens 1200 Euro vertrete, oder, noch weitergedacht, ein bedingungsloses Grundeinkommen für jedermann und damit selbstredend auch für Rentner. Das Konzept einer echten Grundrente für alle Rentner, damit sie im Alter menschenwürdig leben können, wird dabei von zahlreichen Experten unterstützt. Der Einwand, Menschen gerieten durch ein soziales Pflichtjahr in eine finanziell unzumutbare Situation, wäre bei

Einführung einer entsprechenden Mindestgrundrente vollständig entkräftet.

Ein dritter Einwand bemängelt die »Bestrafung« von Rentnern und Pensionären, die, statt ihren »sauer verdienten Ruhestand« genießen zu können, ihren Lebensabend in Zwangsarbeit fristen müssen. Dieses Argument ist ein ganzes Knäuel, denn es vermengt eine Reihe problematischer Annahmen mit einem Missverständnis. Ohne Zweifel gibt es in Deutschland Menschen, die ihren Lebensunterhalt »sauer« verdienen. Wer auf Baustellen arbeitet, Spargel sticht, an Hochöfen schwitzt oder auf einer Ölbohrinsel im Einsatz ist, verdient sein Geld »sauer«. Ein großer Teil aller derartig »sauren« Jobs werden in Deutschland übrigens von Menschen mit Migrationshintergrund und Leiharbeitern ohne größere Rentenansprüche geleistet. Ein Lehrer hingegen, der sein Geld in der Schule »sauer« verdient, legt den Verdacht nahe, für seinen Beruf nicht ausreichend geeignet zu sein. Das Gleiche gilt für jeden Finanzbeamten, Schornsteinfeger, Bürokaufmann, Mode-Verkäufer oder Tanzlehrer, für jede Rechtsanwältin, Floristin, Personalchefin und so weiter. Ich bin sehr weit entfernt davon, diese Lebensleistungen nicht zu würdigen. Doch wer hier über grenzwertige Belastungen stöhnt, sollte nur einen kurzen Blick auf das Leben und die Arbeitswelt seiner Großeltern und Urgroßeltern werfen – oder auf das Leben von Arbeitern in Weißrussland, China, Katar oder Rumänien. Auch sollte man sich in Erinnerung rufen, dass es nicht um jahrzehntelange Pflichtdienste geht, sondern um ein einziges Jahr mit einer Wochenbelastung von fünfzehn Stunden in einer sozialen Tätigkeit freier Wahl. So begünstigte Umstände wie beim Gesellschaftsjahr haben die wenigsten Menschen zuvor in ihrem Beruf gehabt. Und möglicherweise auch kaum so viel Erfüllung und Bestätigung.

Weiterhin problematisch an diesem Vorwurf ist die pauschale Unterstellung, ein Gesellschaftsjahr für Menschen im Renteneintrittsalter sei eine »Strafe«. Dabei ist völlig unklar, für welches Delikt jemand hier bestraft werden soll. Ebenfalls unklar ist, warum ein Gesellschaftsjahr für Schulabgänger gemeinhin nicht als Strafe gewertet wird (und auch der Wehrdienst nie unter den Verdacht einer Strafe fiel), ein Gesellschaftsjahr für Senioren dagegen schon. Weil hier bereits eine »Lebensleistung« vorliegt? Aber wem gegenüber oder für was hat denn der Finanzbeamte, der Bürokaufmann oder die Rechtsanwältin seine/ihre Leistung erbracht? Für die Gemeinschaft oder für Geld? Was waren die ehrlichen Motivationen? Welcher Busfahrer tut seinen wichtigen und unentbehrlichen Dienst in erster Linie für die Gemeinschaft? Welcher Pilot fliegt für das Gemeinwohl auf die Bermudas? Zudem ist es schon eine höchst seltsame Strafe, achtjährigen Kindern bei Kaffee und Keksen Nachhilfeunterricht zu geben oder als ehemaliger Sparkassen-Filialleiter drei Nachmittage in der Woche Existenzgründer zu beraten. Wer solche Tätigkeiten eine Strafe nennt, legt den Begriff nicht nur großzügig, sondern ziemlich sonderbar aus.

Ein vierter Einwand weist darauf hin, wie viele Menschen in Deutschland schon jetzt ohne jegliche Verpflichtung ehrenamtlich soziale Leistungen erbringen. Inwiefern dies ein Argument gegen Gesellschaftsjahre ist, bleibt jedoch nebulös. Dass viele (wenn auch lange nicht genügend viele) Menschen sich engagieren, ist sehr erfreulich und begrüßenswert, ersetzt aber nicht die genannten gesellschaftlichen Vorteile der Pflichtjahre. Denn hierbei geht es ja vornehmlich um die gesellschaftlich-gemeinnützige Einbindung von Menschen in Deutschland, die bislang gerade *nichts* für das Gemeinwohl tun und diese Selbstverpflichtung offensichtlich nicht oder nicht hinreichend genug verspüren. Wer sich ohnehin über längere Zeit gemeinnützig engagiert, braucht das soziale Pflichtjahr im Seniorenalter selbstverständlich nicht zu absolvieren. Er kann sich mit Verweis auf bisher geleistete gemeinnützige Arbeit entbinden lassen. Wobei stark zu vermuten ist, dass es wohl nicht die ohnehin sozial Engagierten sind, die sich gegen das Pflichtjahr sperren, sondern eher die, die sich nie sozial für andere eingesetzt haben.

Bürgerschaftliches Engagement und Ehrenamt spielen in Deutschland, nebenher bemerkt, eine äußerst merkwürdige Rolle. Auf der einen Seite blicken Politiker gerne mit Stolz auf Statistiken, die belegen sollen, wie viele Deutsche ehrenamtlich engagiert sind. Tatsächlich sind es etwa siebzehn Millionen Menschen. Knapp ein Viertel von ihnen sind über siebzig Jahre alt.[30] Der größte Anteil dieses Engagements betrifft dabei die Sportvereine. Doch selbst wenn man die Kassenwarte und Vereinsvorsitzenden örtlicher Sportvereine in der Statistik unberücksichtigt ließe, weil sie nicht zwingend unter die Kategorie »bürgerschaftliches Engagement« zählen, so bleibt Deutschland ein Land mit vergleichsweise hohem freiwilligem sozialem Engagement. Anerkannt wird dieser Einsatz von der Seite des Staates durch bedeutungslose Lobpreisungen sowie fragwürdige Akte, nämlich durch Ehrenbekundungen wie den »Tag des Ehrenamtes« oder (bei jahrzehntelangem Einsatz) die Verleihung der Verdienstmedaille oder des Verdienstkreuzes am Bande – den beiden untersten Stufen des Verdienstordens. Die höchsten Auszeichnungen dagegen gehen nahezu immer an Berufspolitiker, Fürsten oder Industrielle. Deutlicher lässt sich die Geringschätzung des Ehrenamts und des bürgerschaftlichen Engagements kaum manifestieren. Wer Gesellschaftsjahre nur freiwillig einführen möchte, ändert nichts am bestehenden Zustand und bekennt sich damit lediglich zum gegenwärtigen Status quo.

Ernsthafter ist der fünfte Einwand. Er richtet sich nicht gegen die Idee des Pflichtjahrs, sondern verweist auf eine problematische Praxis. Wie sollen Menschen sanktioniert werden, die sich ihrer Pflicht entziehen und ihren Dienst partout nicht antreten? Eine Zwangsrekrutierung durch Feldjäger wie im Fall der Wehrpflicht oder des Zivildiensts wird bei Senioren als gesellschaftlich inakzeptabel angesehen (auch wenn sie vermutlich beim sozialen Pflichtjahr für Schulabgänger akzeptiert würde). Ebenfalls problematisch ist die Androhung und Vollstreckung einer Rentenkürzung. Sie ist sozial ungerecht. Der Millionär auf Mallorca ließe sich davon nicht schrecken, der Geringverdiener mit Mindestgrundrente dagegen schon, und eine solche soziale Schieflage widerspricht natürlich dem Gleichheitsgrundsatz. Bevor ein geeignetes Sanktionsverfahren gefunden ist, sollte allerdings überlegt werden, ob das hier genannte Problem in der Praxis tatsächlich allzu relevant ist. Die Zahl derjenigen, die ihrer Wehr- und Zivildienstpflicht seit Einführung der Wehrpflicht bis zu deren Aussetzung nicht nachkamen, war sehr gering – und dies vermutlich nicht nur aus Angst vor Feldjägern an der Haustür. Allgemein darf angenommen werden, dass die Gesellschaftsjahre, so sie denn einige Zeit gängige Praxis sind, nicht in großer Zahl boykottiert werden, sondern dass künftige Generation völlig selbstverständlich in die bestehende Praxis hineinwachsen werden. Nicht anders war es ja beim Wehr- und

Zivildienst. Und man denke auch an andere umkämpfte gesellschaftliche Veränderungen, wie etwa das Rauchverbot in Restaurants. Schon wenige Jahre nach der Einführung galt es als völlige Selbstverständlichkeit.

Ein sechster Einwand befürchtet, dass Menschen im Pflichtjahr Berufstätigen den Job wegnehmen könnten. Darüber sollte man ernsthaft nachdenken. Es ist in der Tat wichtig, dass sich alle Tätigkeiten im Rahmen des Pflichtjahrs auf Aufgabenfelder beziehen, die nicht in gleichem Maße durch qualifizierte Jobs abgedeckt sind. Möglich ist das durchaus. Nachhilfeunterricht für Grundschüler aus sozial schwierigen Milieus, Vorlesen im Altenheim, Hilfe bei der Krötenwanderung und beim Aufhängen von Nistkästen sowie Trainieren von Schülermannschaften kostet niemanden in Deutschland den Job.

Der schwerste Einwand gegen ein Gesellschaftsjahr sowohl für Schulabgänger als auch für Menschen im Renteneintrittsalter sind die juristischen Bedenken. Sie lohnen eine ausführliche Betrachtung. Zwar haben liberal-demokratische Staaten bei dem, was sie als staatsbürgerliche Pflichten festlegen, einen gewissen Spielraum. Manche von ihnen haben zum Beispiel eine Kindergartenpflicht und andere nicht. Es gibt Schweizer Kantone, die nicht einmal eine zwingende Schulpflicht kennen und es erlauben, dass Eltern ihre Kinder zu Hause unterrichten. Manche Staaten, wie etwa Luxemburg, Liechtenstein und Griechenland, haben eine Wahlpflicht; das Gleiche galt lange bei mehreren Landtagswahlen in Österreich. Doch ein oder zwei Gesellschaftsjahre sind nirgendwo verpflichtend und stellen somit ein Novum da.

Kritiker sozialer Pflichtjahre verweisen gerne auf den Artikel 12 des Grundgesetzes: »(1) Alle Deutschen haben das Recht, Beruf, Arbeitsplatz und Ausbildungsstätte frei zu wählen. Die Berufsausübung kann durch Gesetz oder auf Grund eines Gesetzes geregelt werden. (2) Niemand darf zu einer bestimmten Arbeit gezwungen werden, außer im Rahmen einer herkömmlichen allgemeinen, für alle gleichen öffentlichen Dienstleistungspflicht. (3) Zwangsarbeit ist nur bei einer gerichtlich angeordneten Freiheitsentziehung zulässig.«[31] In diesem Sinne bestätigten die Wissenschaftlichen Dienste des Bundestags in einer Einschätzung, dass ein gesellschaftliches Pflichtjahr in Deutschland »eine neuartige Rechtspflicht begründen« würde – es fehle an der »Herkömmlichkeit« der Dienstleistungspflicht im Sinne des Art. 12, Abs. 2. Dies sei mit dem Grundgesetz, ohne eine entsprechende Änderung, nicht vereinbar. »Art. 12 Abs. 2 und 3 bilden ein einheitliches Grundrecht der Freiheit von Arbeitszwang und Zwangsarbeit. Hierbei handelt es sich um die Freiheit von der Pflicht zur Erbringung einer individuell konkreten körperlichen oder geistigen Tätigkeit, die nicht nur Nebenwirkung einer anderen Verpflichtung ist und nicht nur einen unbedeutenden Aufwand verursacht und die bei Weigerung durch Beugung des entgegenstehenden Willens mit physisch oder psychisch wirkenden staatlichen Mitteln durchgesetzt wird. Ein allgemeiner gesellschaftlicher und sozialer Pflichtdienst fällt hierunter, da die Tätigkeit im Mittelpunkt der Verpflichtung steht, er nicht freiwillig abgeleistet und zur Wahrung seiner Durchsetzbarkeit eine Strafandrohung für den Fall der Zuwiderhandlung unumgänglich sein dürfte.«[32]

Was ist die Geschichte dieses Artikels 12? Sie geht zurück auf die Erfahrungen mit den Zwangsarbeitsprogrammen des sowjetischen Totalitarismus sowie mit der Praxis der Zwangsarbeit in den Überseekolonien der Briten, Belgier, Franzosen und Deutschen. Gegen genau diese verachtenswerte Praxis schloss die International Labour Organization (ILO) bereits 1930 ein Übereinkommen über Zwangs- oder Pflichtarbeit.[33] Die Bundesrepublik Deutschland ratifizierte das Übereinkommen erst 26 Jahre später, am 13. Juni 1956, – nicht zuletzt vor dem Hintergrund der Zwangsarbeitsprogramme des Dritten Reiches. Der Artikel 1, 1 des ILO-Übereinkommens von 1930 über Zwangs- oder Pflichtarbeit lautet: »Jedes Mitglied der Internationalen Arbeitsorganisation, das dieses Übereinkommen ratifiziert hat, verpflichtet sich, den Gebrauch von Zwangs- oder Pflichtarbeit in all ihren Formen möglichst bald zu beseitigen.« In Artikel 2 Abs. 1 heißt es: »Als ›Zwangs- oder Pflichtarbeit‹ … gilt jede Art von Arbeit oder Dienstleistung, die von einer Person unter Androhung irgendeiner Strafe verlangt wird und für die sie sich nicht freiwillig zur Verfügung gestellt hat.« Ausgenommen vom Zwangsarbeit-Verdikt waren nach Artikel 2 Abs. 2 der Militärdienst, der Zwangsdienst im Katastrophenfall beziehungsweise *»jede Arbeit oder Dienstleistung, die zu den üblichen Bür-*

gerpflichten der Bürger eines Landes ... gehört« sowie *»kleinere Gemeindearbeiten, die unmittelbar dem Wohle der Gemeinschaft dienen, durch ihre Mitglieder ausgeführt werden und daher zu den üblichen Bürgerpflichten der Mitglieder der Gemeinschaft gerechnet werden können ...«* Dabei legt die ILO fest, dass Zwangs- oder Pflichtarbeitern in all diesen Fällen eine angemessene Entlohnung garantiert ist, damit nicht unversehens Lohnarbeit durch Zwangsarbeit ersetzt wird.

Will man den Sinn der Ächtung von Zwangs- oder Pflichtarbeit besser verstehen, so muss man aufzeigen, gegen welche mutmaßlichen Bedrohungen die ILO vorgeht. Diese sind gemäß Artikel 1 Abs. 1 des überarbeiteten ILO-Übereinkommens über die Abschaffung der Zwangsarbeit von 1957: Zwangsarbeit a) »als Mittel politischen Zwanges oder politischer Erziehung oder als *Strafe* gegenüber Personen, die *gewisse politische Ansichten* haben ...; b) als Methode der Rekrutierung und Verwendung von Arbeitskräften für Zwecke der *wirtschaftlichen Entwicklung*; c) als Maßnahme der *Arbeitsdisziplin*; d) als *Strafe für die Teilnahme an Streiks*; e) als Maßnahme *rassischer, sozialer, nationaler oder religiöser Diskriminierung*«.[34]

Wie leicht zu erkennen, fällt das angedachte Gesellschaftsjahr für junge Erwachsene wie auch das für angehende Rentner unter keine dieser Bedrohungen. Weder geht es um Strafe noch um die Ausbeutung von Arbeitskraft für Unternehmen, noch soll Arbeitsdisziplin erzwungen oder irgendjemand durch Zwangsarbeit diskriminiert werden.

Das ILO-Übereinkommen diente vielfach als Grundlage späterer Gesetze und Abkommen. Auch die Väter des Grundgesetzes orientierten sich bei ihrem Verbot von Zwangsarbeit daran. Im Artikel 12 Abs. 2 und 3 des Grundgesetzes heißt es deshalb, wie oben angeführt: »Niemand darf zu einer bestimmten Arbeit gezwungen werden, *außer im Rahmen einer herkömmlichen allgemeinen, für alle gleichen öffentlichen Dienstleistungspflicht.*« Das Grundgesetz formuliert Abwehrrechte des Bürgers gegenüber dem Staat. Auch hier geht es vor allem um eines: Es soll verhindert werden, dass irgendjemand, sei es der Staat oder private Unternehmen, aus Zwangsarbeit einen wirtschaftlichen Nutzen zieht oder sie zu ideologischen Zwecken missbraucht. Eine öffentliche Dienstleistungspflicht ohne wirtschaftliche oder ideologische Missbrauchsabsicht hingegen schließt das

Grundgesetz dagegen nicht dezidiert aus, sofern sie gerichtlich angeordnet ist und nicht willkürlich geschieht.

Im gleichen Sinne erlaubt auch der Internationale Pakt über bürgerliche und politische Rechte vom 19. Dezember 1966 in Teil III, Artikel 8 Abs. 3 »jede Dienstleistung im Falle von Notständen oder Katastrophen, die das Leben oder das Wohl der Gemeinschaft bedrohen« sowie *»jede Arbeit oder Dienstleistung, die zu den normalen Bürgerpflichten gehört«*. Eine identische Formulierung findet sich in der Konvention zum Schutze der Menschenrechte und Grundfreiheiten (EMRK) der Regierungen europäischer Staaten, die Mitglieder des Europarats sind.

Ob Gesellschaftsjahre rechtmäßig und statthaft sind, liegt also an der Definition dessen, was »übliche Bürgerpflichten« beziehungsweise eine »öffentliche Dienstleistungspflicht« ist. Eine feste Definition dafür gibt es nicht. Zwar legt das Grundgesetz die soziale und politische Struktur der Gesellschaft verfassungsrechtlich fest, aber Bürgerpflichten sind variabel und abhängig vom veränderlichen Zuschnitt einer Gesellschaft. Man darf davon ausgehen, dass die Väter des Grundgesetzes mit ihrem Verdikt gegen Zwangsarbeit nicht die Absicht hatten, einen etwaigen sozialen Fortschritt aufzuhalten. Vielmehr ging es ihnen darum, einem Missbrauch vorzubeugen, wie ihn das »Dritte Reich« in vielfacher Hinsicht vom Reichsarbeitsdienst (RAD) bis zur Sklavenarbeit in Konzentrationslagern, Rüstungsunternehmen und in den besetzten Gebieten praktizierte.

Dass Bürgerpflichten in einer modernen Gesellschaft damit erledigt sein sollen, dass man sich nicht strafbar macht und regelmäßig seine Steuern bezahlt, werden in Deutschland nur wenige politisch denkende Menschen behaupten. Man muss schon radikaler Anarchist sein, um eine solche minimale Staatskonzeption für wünschenswert zu halten. In einem solchen Minimalstaat wäre nicht einmal klar, woher die Parteien eigentlich ihre Mitglieder erhalten und was deren Motive sein sollen. Ein demokratisch funktionierendes Gemeinwesen lebt vom Engagement, sei es in Parteien, Verbänden, gemeinnützigen Organisationen oder durch private Hilfe. Je freiheitlich-demokratischer eine Gesellschaft sein möchte, umso stärker ist sie auf die Partizipation ihrer Bürger angewiesen. Wenn alle ein Maximum an Freiheit bei einem Minimum an Pflichtgefühl leben, steuert die Demokratie in den Zustand der Unregierbarkeit, in die Anomie.

In solcher Lage ist es durchaus naheliegend, über »übliche Bürgerpflichten« in Deutschland neu nachzudenken, ob nun mit oder ohne dafür notwendige Änderung des Grundgesetzes.[35] Das Quantum an »öffentlicher Dienstleistungspflicht« ist nach dem Aussetzen der Wehrpflicht verdampft. Parteien, Kirchen, Gewerkschaften und gemeinnützige Organisationen beklagen Nachwuchssorgen, tun aber kaum etwas Erfolgreiches, um die Motivation junger Erwachsener tatsächlich zu fördern. Und das so verdienstvolle freiwillige bürgerschaftliche Engagement füllt nicht die Lücke, die das beschriebene Tocqueville-Dilemma heute in der Gesellschaft aufreißt. Pflichtvergessenheit, Verantwortungslosigkeit und Egoismus springen nicht vom freiwilligen bürgerschaftlichen Engagement und Ehrenamt auf die Gedankenlosen, die Allein-mit-sich-selbst-Beschäftigten und die in Krisenzeiten Unsolidarischen über.

Dass es in den nächsten Jahren zur Einführung solcher Gesellschaftsjahre in Deutschland kommen wird, ist unwahrscheinlich. Allgemein werden soziale Utopien nicht hierzulande vorgedacht, sondern in kleineren Ländern wie den Niederlanden oder in Skandinavien. Erst wenn andere EU-Staaten soziale Pflichtjahre einführen, werden sie wohl auch in Deutschland möglich. Zudem hüllt sich der Autor nicht in die Illusion, die angedachten Gesellschaftsjahre lösten alle zuvor genannten Probleme liberal-demokratischer Staaten mit dem Pflichtgefühl aller ihrer Bürger. Gute Ideen müssen weder quantitativ allumfassende Lösungen noch qualitativ unangreifbar und exzeptionell sein, um eine gute Sache voranzubringen. Und so bleibt am Ende nur die eine Hoffnung: dass all diejenigen, die meinen Vorschlag für absurd und unzumutbar halten, sich der gewissenhaften Mühe unterziehen, mit einem überzeugenden besseren zu kommen.

Anmerkungen

1. Siehe Umfrage vom August 2020: https://www.bundesregierung.de/breg-de/suche/umfrage-zu-massnahmen-1775544; »Die Mehrheit der Deutschen (59 Prozent) hält die staatlichen Maßnahmen zur Bekämpfung der Corona-Pandemie für angemessen. Das ergab eine Umfrage des ARD-Deutschlandtrends zusammen mit infratest dimap im August 2020. 28 Prozent der Befragten finden demnach sogar, dass die Maßnahmen nicht weit genug gehen. Nur elf Prozent empfinden die Corona-Maßnahmen laut der Umfrage übertrieben.«
   Siehe weiterhin Umfrage vom Dezember 2020: https://www.tagesschau.de/inland/deutschlandtrend-2461.pdf; Danach halten 69 Prozent der Befragten die Lockdown-Maßnahmen vom Dezember für angemessen, 16 Prozent gehen sie nicht weit genug, und nur 14 Prozent gehen sie zu weit.
2. John Stuart Mill: *Über die Freiheit*. Reclam 2018, S. 19.
3. Ebd., S. 109.
4. Michel Foucault: *Die Geburt der Biopolitik. Geschichte der Gouvernementalität II*. Suhrkamp 2006. Siehe auch Willibald J. Stronegger: Zwischen übersteigerter und fehlender Solidarität. Die Covid-19-Pandemie aus biopolitischer Perspektive nach Foucault; auf https://www.researchgate.net/publication/341398182.
5. So der österreichische Soziologe Rudolf Goldscheid in seinen Werken: *Entwicklungswerttheorie, Entwicklungsökonomie, Menschenökonomie. Eine Programmschrift*. Klinkhardt 1908; *Höherentwicklung und Menschenökonomie. Grundlegung der Sozialbiologie*. Klinkhardt 1911; *Frauenfrage und Menschenökonomie*. Anzengruber-Verlag 1924.

6. François Ewald: *Der Vorsorgestaat*. Edition Suhrkamp 1993.
7. https://www.suedkurier.de/ueberregional/panorama/Warum-vieles-wahrscheinlicher-ist-als-Opfer-eines-Terroranschlags-zu-werden;art409965,8657606.
8. https://de.statista.com/themen/548/terrorismus/#dossierSummary-chapter2.
9. BVerfGE 96, 375 <399 f.> m.w.N.; siehe https://www.servat.unibe.ch/dfr/bv096375.html.
10. Mit Ausnahme des postmortalen Persönlichkeitsrechtsschutzes nach Art. 2 GG.
11. Der wichtigste Grund, die Würde über das Leben zu stellen, ist vermutlich ganz profan. Der Staat könnte seine männlichen Bürger ansonsten im Ernstfall nicht zum Kriegsdienst heranziehen, weil er damit ihr »Recht auf Leben« in Frage stellt. Kriegsdienst und Menschenwürde gelten nach bürgerlich-liberaler Vorstellung dagegen als vereinbar.
12. BVerfGE 39, 1; siehe https://www.servat.unibe.ch/Dfr/bv039001.html.
13. BVerfGE 96, 375 <399 f.> m.w.N.; siehe https://www.servat.unibe.ch/dfr/bv096375.html.
14. Vgl. Anm. 1.
15. Art. 2 Abs. 1 Grundgesetz.
16. https://www.mpg.de/14756742/corona-lockdown-luftverschmutzung.
17. Cicero: *De officiis. Vom pflichtgemäßen Handeln*. Reclam, 13. Aufl. 1984, S. 8 f.
18. Ebd., S. 225.
19. Ebd.
20. Siehe dazu Alasdair MacIntyre: *Der Verlust der Tugend. Zur moralischen Krise der Gegenwart*. Suhrkamp 1995; Charles Taylor: *Das Unbehagen an der Moderne*. Suhrkamp 1995; Michael J. Sandel: *Liberalismus oder Republikanismus. Von der Notwendigkeit der Bürgertugend*. Passagen Verlag 1995; ders.: *Vom Ende des Ge-*

meinwohls. Wie die Leistungsgesellschaft unsere Demokratien zerreißt. S. Fischer Verlag 2020.

21. Ernst-Wolfgang Böckenförde: *Die Entstehung des Staates als Vorgang der Säkularisation* (1967), abgedruckt in: ders.: *Recht, Staat, Freiheit. Studien zur Staatstheorie und zum Verfassungsrecht*. Suhrkamp 1991, S. 92 und S. 112 f.
22. Karl Marx: Zur Judenfrage. In: MEW (Marx-Engels-Werke) 1, S. 347–377, S. 370.
23. Alexis de Tocqueville: *Über die Demokratie in Amerika*. Reclam 2020.
24. Ebd., Kapitel 26, S. 264.
25. Ebd., S. 265.
26. Siehe dazu stellvertretend Herbert Gintis, Samuel Bowles, Robert T. Boyd und Ernst Fehr (Hrsg.): *Moral Sentiments and Material Interests. The Foundations of Cooperation in Economic Life*. MIT Press 2005; Ernst Fehr und Simon Gächter: *Cooperation and Punishment in Public Goods Experiments*. In: *American Economic Review*, Bd. 90, Nr. 4, 2000, S. 980–994; dies.: *Fairness and Retaliation: The Economics of Reciprocity*. In: *Journal of Economic Perspectives*, Bd. 14, Nr. 3, 2000, S. 159–181.
27. Wilhelm Röpke: *Jenseits von Angebot und Nachfrage*. Eugen Rentsch Verlag 1958, S. 60.
28. https://de.statista.com/statistik/daten/studie/235973/umfrage/schulabsolventen-abgaenger-in-deutschland-nach-abschlussart/.
29. https://www.brandeins.de/magazine/brand-eins-wirtschaftsmagazin/2020/kommunikation/es-ein-verpflichtendes-soziales-jahr-gaebe.
30. https://de.statista.com/statistik/daten/studie/173632/umfrage/verbreitung-ehrenamtlicher-arbeit/.
31. https://www.gesetze-im-internet.de/gg/BJNR000010949.html.
32. https://www.bundestag.de/resource/blob/407368/43df3ffead238bcb3419889beece932d/WD-3-371-07-pdf-data.pdf.
33. https://www.ilo.org/wcmsp5/groups/public/---ed_norm/---normes/documents/normativeinstrument/wcms_c029_de.htm

34. https://www.ilo.org/wcmsp5/groups/public/---ed_norm/---normes/documents/normativeinstrument/wcms_c105_de.htm
35. Siehe zur Grundgesetzkonformität einer allgemeinen Dienstpflicht – im Rahmen der Schulzeit – positiv Stephan Klenner: *Gesellschaftsdienst ohne Grundgesetzänderung*, in: Zeitschrift für Rechtspolitik (ZRP), 6/2019, S. 178 ff.